JN411018

이젠 여자로
행복하고 싶다

쇼윈도 아내

쇼윈도 아내

초판 1쇄 인쇄일 2013년 7월 24일
초판 1쇄 발행일 2013년 7월 26일

지은이 안현주
펴낸이 양옥매
편집디자인 박무선

펴낸곳 도서출판 책과나무
출판등록 제2012-000376
주소 서울특별시 마포구 월드컵북로 44길 37 천지빌딩 3층
대표전화 02.372.1537　**팩스** 02.372.1538
이메일 booknamu2007@naver.com
홈페이지 www.booknamu.com

ISBN 978-89-98528-52-2 (03810)

「이 도서의 국립중앙도서관 출판시도서목록(CIP)은 서지정보유통지원시스템 홈페이지(http://seoji.nl.go.kr)와 국가자료공동목록시스템(http://www.nl.go.kr/kolisnet)에서 이용하실 수 있습니다. (CIP제어번호 : CIP2013012694)」

이젠 여자로 행복하고 싶다

쇼윈도 아내

안현주 지음

책과나무

| 머리말 |

22년간 연예인의 아내로 살아오다가 이제는 다른 사람의 연인이 되었다.

잃어버린 나의 가족을 다시 되찾고 싶다….
언젠가 수첩에 끄적였던 글이다.

나는 오랫동안 최고의 별 옆에 머물렀다.
그 별 곁에 있으면 왠지 나도 함께 빛이 날 것 같았다.
그런데 막상 그 옆에 머물게 되자 별은 나를 보지 않았다.
그 별에게 나는 의미 없는 존재나 마찬가지였고,
심지어 나 몰래 여러 번 바람을 피우기도 했다.

나는 죽을 것만 같았다.
실망은 점점 원망으로 바뀌었고
더는 버틸 수 없어 멀리로 떠났다.
하지만 고통은 계속되었다.

떠나면 끝일 줄 알았는데 별은 계속 나를 괴롭혔다.
그때마다 정말 이 세상에 더는 존재하고 싶지 않았는데,
별과 함께 만든 귀한 보석들이 눈에 밟혔다.
그래서 다시 삶을 택했지만 견딜 수 없어,
결국, 별과 이별했다.

이후에 다른 사랑이 찾아왔고,
마지막으로 행복을 찾으려던 때에,
죽을듯한 괴로움 속에서도 지켜낸 보석들이 나를 떠났다.
오히려 외롭게 지켜낸 나를 오해하고 원망했다.
그리고 누군가는 늘 외롭고 또 괴로웠던 나를 미워하며
홀로 불행하게 살라고 했다.

별과 함께 한 22년 간 나는 실컷 불행하게 살았다.
다른 사람들의 시선 때문에 다시 혼자가 된다면
이제 더는 살지 못할 것 같다.

사람들은 왜 평범하게 살지 않고
다른 사람을 만나느냐고 묻는다.
하지만 어렵사리 찾아온 이 행복을
다른 사람들의 시선 때문에 잃고 싶지 않다.

이제는 어느 하나도 놓치고 싶지 않다.

여자로서의 나의 행복과 귀중한 보석을 모두 되찾고
진정으로 행복해지고 싶다.
그래서 나는 이해가 필요했고,
이 책이 필요했다.

그동안 더없이 속상했지만,
말하지 못한 것들이 너무나 많다.
이 책을 통해서 나를 알게 된다면,
현재 내가 택한 삶도 이해하게 될 것이며
나를 더는 미워하지 않을 수 있을 것이다.

그렇게 되었을 때 내가 잃어버린 모든 것이
다시금 나를 찾아올 수 있을 것이다.
이제 나는 행복해지고 싶다.
그 누구보다도 간절하게 말이다.

2013년 7월

안현주

| 차 례 |

머리말 004

01 벼랑 위에 서다 010
늦은 새벽, 초인종이 울리고
더는 살고 싶지 않아!

02 연예인을 만난 어린 여자 020
장국영 같은 남자를 만났지만 시큰둥해?
외제차를 탄 남자
그 남자의 허세
너 아니면 안 돼!

03 바람난 별을 안고 살다 035
별이 빛나던 날에
이 층 집에 사는 인형
스물둘에 찾아온 선물
태국으로 날아간 임산부
아름다운 아이와 별의 거짓말
여자의 목소리와 깨어진 마음
화려했던 웨딩마치
새콤달콤했던 괌에서의 허니문

04 화려하지 못한 고백 071
꽃과 향수를 선물하는 남자
부러움의 눈길과 이상한 별
별을 놓아 주기로 마음먹다
나를 좀 봐 주시겠어요?
난 그냥 나한테 기댈래요
화려한 밤, 더 화려한 여자들

05 밴쿠버에서 미국으로 095
밴쿠버에서의 나날
마음껏 요란했던 그녀
나 이제 떠날래!
캘리포니아 코로나의 끌림
아이들의 천국
처음 만난 햇살
가슴에 찾아온 나의 보석

06 솔직하고 뜨거웠던 나날들 125
모든 것이 끝나 버리다
따뜻했던 날들과 이별하기
별들이 사는 세상은
안현주, 몸짱으로 거듭나다
좀비에서 사람으로
나의 힐링 트레이너

07 착한 여자가 될 수 없는 이유 147
별을 떠나버린 이유
눈 오던 날, 끓어오르다!
바람이 불어올 때
씁쓸함만 남기고 간 바람
크리스마스이브의 불편한 만남

08 다시 시작된 연애 164
2013년 1월 1일
우연히 또 우연히
그가 친절한 이유
어색한 초대, 복잡한 마음
얼마나 더 참아야 돼?
별과 이별하던 날
그 남자의 고백

09 가장 빛나는 로맨스 188
정말 사랑하니까!
우리들의 행복한 시간
잊지 못할 순간들
별과의 완전한 이별
다시 꿈꾸고 싶다

| 나의 어린 시절 이야기 |
선생님의 딸 209
청개구리 둘째 딸
까치발 들고
못된 언니
강원도 무법 꼬맹이
가출, 그리고 서울로 오다

에필로그 〈그 남자의 프러포즈〉 230

01

벼랑 위에 서다

늦은 새벽, 초인종이 울리고
더는 살고 싶지 않아!

늦은 새벽, **초인종이 울리고**

미국으로 올 때 나는 남편에게 “좋은 여자 생기면 언제든지 얘기해.” 라고 했을 정도로 남편이 누굴 만나든 뭘 하든 전혀 알고 싶지 않았고, 관심조차 없었다. 그래서 미국에 오면 남편을 잊고 아이들과 함께 편하게 살 줄 알았는데 어느 날 고요한 새벽녘, 누군가가 찾아와서 다급하게 초인종을 누르는 소리가 들려왔다. 순간 무서웠지만 용기를 내어 1층으로 내려갔다. 현관문 렌즈를 통해 밖을 보니 옐로우 택시(Yellow Taxi)가 서 있었고 어디서 많은 본 듯한 남자가 서 있었다. 나는 떨리는 목소리로 물었다.

“누구세요?”

“제수씨, 저예요. 문 좀 열어 주세요. 할 얘기가 있어요.”

남자의 말에 순간 심장이 덜컥 내려앉는 것 같았다. 2시간 넘게 떨어진 곳에 사는 사람이 새벽에 이곳까지 택시를 타고 올 일이 없었다. 왠지 예감이 좋지 않았다. 떨리는 손으로 문을 열면서 남자에게 물었다.

“이 시간에 무슨 일이세요?”

“제수씨 남편 때문에요.”

남자는 이렇게 말하고 나서 다이닝 룸 의자에 앉았다. 그러고는 한국에서 비즈니스를 하고 있는 아내 이야기를 꺼내기 시작했다. 나는 그가 어떤 말을 꺼낼지 짐작이 갔다. 남자는 술 취한 목소리로 “제수씨 남편에 대해서 잘 알아요?” 하고 소리치고는 남편과 자신의 아내와의 관계에 대해 말하기 시작했다. 나는 이미 둘의 관계 때문에 한 번 다툰 적이 있었기에 “저도 대충 짐작하고 있었어요. 그러니깐 그쪽 관계는 알아서 하고 제 일은 제가 알아서 할게요. 늦었는데 이만 들어가 보세요.” 하고는 남자를 돌려보냈다.

그런 후에 남편에게 전화를 걸어서 “내가 경고했지? 조심하라고. 좀 전에 형님 찾아왔었어!” 라고 했더니 남편은 오해라며 끝까지 아니라고 잡아뗐다. 어차피 남편이 솔직하게 말해 주리란 기대도 하지 않았기 때문에 더 이상 그 문제로 남편에게 뭐라 하지 않았다.

그리고 몇 개월 뒤, 남편이 운영하던 카페에서 일하던 여자로부터 전화가 걸려 왔다. 그 여자는 90년대 스포츠 스타였는데 남편과 원래 친분이 있는데다 형편이 어려워서 잠시 남편의 카페에서 일했었다. 여자는 차분하게 가라앉은 목소리로 그간의 일들을 이야기했다.

“제가 오빠랑 3년을 사귀었는데 거의 동거나 마찬가지였어요. 오빠가 쓰던 팬티, 면도, 칫솔 보낼 테니까 확인해 봐요.”

어이가 없어서 “필요 없어요!” 하고 차갑게 말했다. 그러자 여자는 내가 믿지 않는다고 생각했는지 더 구체적으로 남편의 신체 부위 중 중요한 부분에 있는 점과 잠자리를 가질 때의 행위들까지 적나라하게 말했다. 나는 그 여자가 제정신을 가진 사람 같지는 않았지만 같은 여자 입장에서 인내심을 갖고 들어 주었다. 그러자 여자는 내가 자신의 말을 잘 들어 준다고 생각했는지 더 심한 말까지 털어놓았다.

"오빠 애도 가졌는데 오빠가 그냥 지우라고 해서 친구랑 같이 가서 지웠어요. 그 친구가 증명해 줄 수도 있어요."

그 뒤에 이야기는 더 듣고 싶지도 않았다. 그냥 전화를 끊어버렸다. 그 뒤로도 전화는 계속 걸려 왔고, 하도 귀찮아서 "더 이상 나한테 전화하지 말고 오빠랑 해결해요. 도대체 나한테 원하는 게 뭐예요?" 라고 했더니 "오빠 때문에 나는 예쁜 시절을 다 버렸어요. 그러니깐 위자료로 5000만 원만 줘요. 오빠한테 얘기했더니 안 들어줬어요." 하고 절박하게 말했다. 더 이상은 참을 수가 없었다.

"야! 너 착각하고 있나 본데 네가 바로 가정 파괴범이야, 돈은 네가 준비해야지. 내가 지금 둘이 간통으로 처넣으러 한국 가서 변호사 살 테니까 너희 둘도 변호사 사서 준비하든지 말든지 마음대로 해!"

내가 소리를 지르며 말하자 여자는 약간 움츠러든 목소리로 말했다.

"어머, 갑자기 왜 화를 내세요? 이성을 찾으세요. 같은 여자라서 말이 잘 통할 줄 알고 현주 씨한테 전화했는데 왜 욕까지 하고 그러세요?"

그 말에 나는 더 이상 뭐라고 대꾸하고 싶지도 않아서 그냥 전화를 끊었다. 계속해서 전화가 걸려 왔지만 아예 받지도 않았다. 여자는 음성 사서함에 대고 "할 얘기 있으니까 전화 받아요!" 하면서 계속 메시지를 남겼다. 몇 번은 전화를 받아 주다가 안 되겠다 싶어서 남편에게 전화를 걸었다. 하지만 남편은 계속 발뺌만 하면서 아니라고 둘러댔고 여자에게서는 계속 전화가 걸려 왔다. 나는 다시 남편에게 말했다.

"빨리 해결 안 하면 아이들하고 다 죽어버리든지 너도 모르는 데로 아이들하고 다 숨어버리든지 할 테니까 그냥 둘이 살든 뭘 하든 알아서 해, 내가 이혼해 줄 테니까!"

내가 말하자 남편은 그제야 정신이 번쩍 들었는지 달래듯 말했다.

"설사 네가 나랑 이혼을 한다고 해도 나는 그 여자랑 안 살아."

남편의 말에 나는 "그건 뭐 알아서 할 일이고 나한테 연락 좀 안 오게 해!" 하고는 전화를 끊었다. 그 뒤로 여자에게서는 전화가 걸려 오지 않았다. 나는 둘이 해결을 봤다고 생각하고 잊어버리려고 애쓰는데 어느 날 무당이라는 여자에게서 전화가 걸려 왔다. 받았더니 황당한 이야기가 들려왔다.

"미안한데, 혹시 거인녀 아세요?"

"네, 아는데, 누구 신데요?"

"저는 그 거인녀가 의뢰해서 할 수 없이 당신 죽으라고 신 굿을 두 번 했는데 혹시 많이 아프지 않았어요?"

무당은 나를 위로하듯이 그렇게 말하고는 "이제는 의뢰가 들어와도 안 할 거예요." 라고 했다. 나는 "무슨 조선 시대 장희빈도 아니고……." 하고 넘기면서도 요새 이유도 없이 계속 몸이 안 좋았던 것이 그것 때문인가 싶었다. 몇 달 동안 잠도 거의 이루지 못했고, 어쩌다 잠들어도 계속 가위에 눌렸다. 또 몸 여기저기가 계속 아팠다. 너무 괴로워서 친정 엄마한테 전화해 하소연하자 엄마는 빠른우편으로 부적을 부쳐 주셨다. 그 부적을 방문 위에다가 붙이고 침대 옆 사이드 테이블에 성경책과 십자가를 올려놓고 잠이 들었다. 하지만 불

면증은 사라지지 않았고 피곤이 가시지 않은 상태로 아이들을 돌보려니 무척 고됐다.

결국에는 술에 의지해서 잠을 청하기를 반복했는데 그럴 때는 잠이 든 것 같다가도 깨어나면 더 피곤해서 자도 잔 것 같지가 않았다. 몇 개월 동안 그런 상태로 지내다 보니 나는 거의 공황 상태에 빠졌고 도저히 헤어날 수가 없을 정도로 지쳐 있었다. 무당이 더 이상 굿을 하지 않겠다고 전화한 이후로 가위는 눌리지 않았지만 몸 상태는 계속 좋지 않았다.

더는 **살고 싶지 않아!**

몇 개월 동안의 스트레스와 피로로 완전히 쇠약해져 버린 뒤로는 앞날에 대한 기대나 희망이 생기지 않았다. 살아갈 이유도 전혀 떠오르지 없었다. 더는 살고 싶지 않다고 생각하면서 술을 마시는데 갑자기 TV에서 보았던 장면이 떠올랐다. 술에 취했는지 미친 사람인지 알 수 없지만 그가 고속도로 위에서 지그재그로 차를 몰고 다니자 뒤쫓아 오던 경찰이 그 자리에서 운전자를 사살하는 장면이었다. 다른 운전자들까지 위험하게 만들지 않기 위함인데, 끔찍하기 그지없었다.

그 장면을 떠올리다 순간, 나는 차 열쇠를 들고는 차고로 가서 바로 차를 빼 왔다. 동네를 벗어나서 5분 떨어진 고속도로로 향했다. TV에서 보았던 장면처럼 4차선 도로 위를 지그재그로 질주했다. 그러다 한순간 눈을 질끈 감고는 1차선에서 4차선으로 그대로 돌진해 버렸다. 가드레일은 시멘트 벽이어서 과속해서 박는 순간 바로 사망이었다.

'이제 그만 끝내자.'

다짐하면서 질주하는데 끝에 다다르는 순간, 나도 모르게 핸들을 돌려 버렸다. 몇 번이나 되풀이해도 차마 실행에 옮기지 못하고 도로만 지그재그로 오갈 때 뒤에서 갑자기 라이트를 비추고는 "빵–빵–" 하고 경적을 울려댔다. 이 역시도 TV에서 자주 보던 장면이었다.

'경찰이 제지하는데도 내가 멈추지 않는다면 어떻게 될까?'

순간적으로 그런 생각이 스쳤고 나는 모든 것을 놓아 버린 채 삶을 마감할 준비를 했다. 그러자 그간 살아온 삶이 주마등처럼 스치기 시작했다. 아주 사소했지만 지금을 만든 모든 일들이 생생하게 떠오르기 시작했다. 그런데 뒤에서 경적을 울리던 차가 내 차 옆으로 급하게 다가섰을 때 옆을 보니 놀랍게도 그 안에 타고 있는 사람은 경찰이 아니라 얼굴도 알지 못하는 나이 든 백인 신사였다. 그 신사는 차 안의 실내등을 켜고 차창을 내리더니 안타깝다는 표정을 지으면서 "노–우!" 하면서 고개를 저었다.

이미 죽기로 마음먹고 몇 번이나 가드레일을 들이박으려는 시도까지 한 뒤여서인지 거의 제정신이 아닌 상태였지만 순간 보았던 그 신사의 표정이 너무나 안타깝고도 단호해서 쉽게 핸들을 돌릴 수 없었다. 모질게 먹었던 마음이 조금씩 흔들리기 시작했다. 노신사는 내 차 뒤를 따르면서 계속 나를 에스코트했고 내 차가 차선을 조금만 벗어나도 어김없이 경적을 울리면서 내가 극단적인 선택을 하지 않도록 했다.

한참을 그렇게 한산한 도로 위를 오가다가 얼굴이 온통 눈물과 땀으로 엉망이 되고 온몸에 진이 다 빠져 버렸을 때 다시 힘없이 차를 몰아서 집으로 돌아왔다. 돌아올 때 백미러를 보니 아까 그 노신사는 보이지 않았다. 저 멀리 집이 보일 즈음에는 다행스럽기도 하면서 또 한편으로는 착잡하기도 했다. 그런 기분으로 집에 도착해서 차고에 차를 대고 현관문을 열고 집으로 들어가는데 온 집안의 불이 모두 환하게 켜져 있었다.

순간 가슴이 덜컹하고 내려앉는 것 같았다. 집 안으로 들어가자, 거대한 거실에 너무나 자그마한 두 아이가 바닥에 앉아 있었다. 아이들은 "엄마 어디 갔다 왔어?" 라고 하며 내게 달려와서는 울음을 터뜨렸다. 너무 놀라고 가여워서 아이들을 꼬옥 안아 주었다. 안으면서 보니 첫째의 한쪽 볼이 깨물린 듯 이빨 모양으로 빨갛게 부어 있었다. 나는 놀라서 "얼굴 왜 그래?" 하고 첫째에게 물었다.

"엄마가 없으니까 동생이 깨웠는데 내가 안 깨니까 볼을 물었어."

첫째는 울먹이면서 말을 꺼냈다. 하지만 첫째는 볼을 깨문 동생을 혼내지도 않고 의젓하게 우는 동생을 달래고는 동생의 인형을 가지고 같이 놀아 주고 있었던 모양이었다. 가슴이 너무나 미어졌고 '나는 왜 이리 못됐을까?' 하는 생각과 아이들을 보호하지 못했다는 죄책감에 눈물만 계속 흘렀다. 그동안 내 슬픔이 너무 커서 아이들이 보이지 않았다. 그날 밤 나는 두 아이를 품에 안고 잠이 들었다.

날이 밝아서 눈을 떠 보니 다시 살아난 기분이었다. 나는 곁에 누워 있는 두 아이를 바라보며 다시금 열심히 살아봐야겠다고 다짐했다.

02

연예인을 만난 어린 여자

장국영 같은 남자를 만났지만 시큰둥해?
외제차를 탄 남자
그 남자의 허세
너 아니면 안 돼!

장국영 같은 남자를 만났지만 시큰둥해?

지금으로부터 24년 전, 장국영의 인기는 하늘을 뚫고 우주까지 날아갈 기세였다. 그 시절 나는 남대문 의류 시장에 있는 남성복 매장에서 아르바이트를 했는데 우연히 장국영 같은 남자를 만났다. 엉겁결에 일어난 일이었다.

그날 나는 평소처럼 새벽에 출근해서 회색이나 곤색의 칙칙한 옷 속에 파묻혀 먼지를 마시다가 손님을 맞았다. 가끔 다른 가게에서 살벌하게 싸우는 소리가 들려오면 불똥이 튈까봐 숨을 죽였다. 눈에 띄었다가는 한 대 맞을 것 같았기 때문이었다. 그렇게 딱히 특별할 것 없는 하루를 보내고 있는데 갑자기 주위에서 유난히 웅성거리는 소리가 들려왔다. 자세히 들어보니 싸우는 소리는 아니었고, 연예인이 왔다면서 서로 쑥덕거리는 소리였다. 그 당시 나는 연예인에 별 관심이 없었기 때문에 하던 일을 계속했다.

그런데 바로 그때 장국영 머리스타일을 하고 또 얼핏 보면 정말로 장국영 같아 보이기도 한 연예인 남자가 단발머리 여자와 함께 다른 매장을 이리저리 둘러보더니 내가 일하는 가게 쪽으로 왔다. 둘은 바지가 진열된 곳 앞에 서서 뭐라고 이야기를 나누더니 사이즈를 묻고 바지를 달라고 했다. 나는 계산을 해 주었고 둘은 곧 유유히 사라졌다. 나는 하던 일을 계속했는데 주위는 계속 웅성거렸다. “도대체 같이 온 그 여자는 누구야?” 하면서 다른 옷가게 주인들이 궁금해 하면서 서로들 얘기를 하고 있었지만 나는 별 관심이 없었다.

그리고 다음 날, 평소처럼 일하고 있는데 어제 보았던 그 연예인이 다시 매장으로 찾아와서는 말했다.

“이거 사이즈가 작아서 바꿔야 할 것 같은데요.”

“아, 네, 바꿔 드릴게요.”

나는 바꿔 줄 바지를 찾아 건네주는데 연예인 남자가 계속 말을 걸어 왔다. 하지만 나는 할 말만 하고 말을 끊었다. 마침내 맞는 바지를 건네주자 연예인은 그 바지를 가지고 곧 사라져 버렸다. 이후로는 그 연예인 남자와는 특별한 기억이 없었다. 그때 그렇게 싱겁게 마주치고 나서 내가 아르바이트를 그만 두게 되면서 더더욱 볼 일이 없게 되었다.

그런데 어떻게 다시 만날 인연이었는지 행사장에서 또다시 우연히 만났다. 그때 나는 호기심으로 보디페인팅을 배워서 소년 소녀 돕기 바자회 행사에서 무용수들을 분장해 주는 아르바이트를 하고 있었다. 당시에는 초보였고, 그래서 무용수들의 발 분장만 마무리해 주었는데, 마침 그때 옷가게에서 마주쳤던 그 연예인이 행사장에서 진행을 맡고 있었다. 하지만 서로 바빴기 때문에 잠깐 본 것이 다였다. 그렇게 두 번째 마주침도 허무하게 끝이 났다.

외제차를 탄 **남자**

당시에 나는 연예인에 별 관심이 없었다. 옷가게에 들렀던 연예인이 아주 유명하고 인기가 많다는 사실도 나중에서야 알았다. 그 후에도 바자회 행사에서 만났지만 길게 이야기를 나누거나 시간을 보낸 것도 아니어서 그냥 여러 가지 기억들 중 하나로 묻어 두었다. 그러다 1991년 12월 30일, 방송사 연말 시상식이 끝나고 나서 우리는 우연히 다시 만나게 되었다.

보통 연말 시상식에는 이름깨나 날린다는 연예인들이 모두 참석하기 마련이다. 시상식이 끝난 후에 그 남자는 동료, 그리고 선후배들과 함께 이태원에 있는 모 나이트클럽으로 몰려간 것 같다.

나는 나이트클럽을 그다지 좋아하지는 않았지만 친구들이 그곳에서 송년회를 하자고 부추겼다. 마침 혼자 있기 적적한 참에 구경도 할 겸 그 자리에 나갔다. 우리끼리 이야기를 나누다가 다들 춤을 춘다며 무대로 나갔다. 나는 나가고 싶지 않아서 자리에 앉아 있는데 한 친구가 내 손을 끌어당기며 "춤은 안 춰도 돼. 그냥 박수만 쳐도 괜찮으니까 나가자!" 하며 무대로 나를 이끌었다.

얼마 되지 않아 갑자기 사람들에게 밀렸다. 당황해서 옆을 쳐다봤더니 연예인들이 춤을 추러 한꺼번에 무대로 나오고 있었다. 당대에 유명했던 연예인들은 그 자리에 모두 와 있었는데 그중에서 한 남자가 특히 눈에 띄었다. 몇 번 마주친 적이 있던 바로 그 남자였다.

그 사람은 나를 보지 못했지만 순간 나는 괜히 당황해서 고개를 홱 돌리고는 원래 자리로 다급하게 되돌아왔다. 자리에 앉자 이런 장소에서 그 남자와 다시 마주쳤다는 사실이 창피하게 느껴졌고 집으로 빨리 가야 되겠다는 생각이 들었다. 지금 생각해 보면 그럴 이유가 전혀 없었지만, 그때는 혹시라도 나를 알아볼까 계속 혼자 노심초사했던 것 같다. 한시라도 빨리 이곳을 벗어나고 싶다는 생각에 자리에서 일어서려는 순간 갑자기 연예인 한 명이 다가와서 말을 걸었다.

“선배님이 그쪽이 마음에 든다고 데려오라고 하시네요.”

순간 그 남자인 줄 알고 싫다고 딱 잘라 거절했다. 그러자 그 연예인은 얼굴이 구겨지면서 “그 쪽을 안 데려가면 저 선배한테 죽어요. 전 방송국에 들어온 지도 얼마 안 돼서 찍히면 안 돼요.” 하면서 다시 조르기 시작했다. 난 “다시 집에 가야 해서 안 된다.”고 하면서 가방을 집어 들었다. 그러자 마음대로 가방을 낚아채 간 연예인은 나이트클럽 복도 쪽으로 달아났고, 나는 서둘러 일어나서 그 연예인을 뒤쫓아 갔다.

뒤에서 가방을 달라고 소리쳤고 그 연예인은 어떤 방으로 냉큼 들어가 버렸다. 하는 수 없이 그 방의 문을 열게 되었는데 아까 보지도 못했던 엄청난 연예인들이 눈에 띄었고 순간 당황해서 문을 닫아 버렸다. 그때 갑자기 춤을 추고 온 연예인들이 몰려오기 시작했다. 나는 나도 모르게 그 무리에 휩쓸려 방 안으로 들어가 자리에 앉게 되었다.

"가방 주세요."

작게 소리치는데 가방을 가지고 간 연예인이 "선배님, 이분 왔는데요." 해서 얼굴을 보았더니 전에 마주쳤던 그 연예인이 아니었다. 그 사람이 아닌 동기였다. 솔직히 너무나 실망하고 말았다. 얼굴도 별로였고 키도 매우 작았다.

그런데 그때 몇 번 마주쳤던 그 연예인이 말을 걸어 왔다.

"어, 어디서 봤지? 저 알죠? 우리 어디서 봤나?"

나는 속으로 'TV에서 봤다.' 하면서 빨리 이 자리를 떠야겠다는 생각만 했다. 내가 대꾸가 없자 그 남자가 한 번 더 물었다.

"작가인가? 진짜 어디서 봤는데……. 궁금하니까 빨리 얘기해 봐요."

나는 뜬금없이 작가라고 하니 황당했다. 딱히 대답하지 않고 그냥 웃어넘겼다가 다시 나지막한 소리로 말했다.

"저, 지금 집에 가야 해요."

그랬더니 선뜻 데려다 주겠다며 조금만 기다려 달라고 했다. 솔직히 나는 아까 그 동기보다 몇 번 마주친 이 남자가 편하고 더 마음이 갔다.

밖으로 나간 뒤에 잠시 기다리자 남자가 자신의 차를 끌고 나왔다. 외제차였는데, 핸들을 잡고 있는 남자의 표정이 꽤 자신만만해 보였다. 우리는 집으로 올 때까지 이런저런 대화를 나누었다. 그 남자는 계속 어디서 본 적이 있는 것 같다는 이야기를 되풀이했다. 하지만 나는 끝까지 그 전에 봤던 일을 이야기하지 않았다. 굳이 그 이야기를 하기에는 다음에 또 볼 일은 없을 것 같아서였다. 차 안의 분위기는 그다지 나쁘지 않았다. 그 사람은 전혀 연예인 같지 않았다. 평범한 옆집 오빠처럼 대해 주었고 처음 본 것 같지 않게 늘 봐온 것처럼 편안하게 말을 걸어 주었다. 그러다 보니 어느새 집에 도착해 있었다.

인사를 나누고 차에서 내리려는데 그 남자가 집 전화번호를 물어보았다. 사실 그때는 삐삐도 귀할 때였고, 핸드폰은 아예 없었다. 나는 그 남자가 또다시 연락이 올 거라고 생각조차 하지 않았기 때문에 예의상 집 전화번호를 알려 주었다.

집으로 돌아온 뒤에 씻고 자리에 누웠는데 어쩐지 마음이 들떴고 아까 일도 자꾸만 생각났다. 그리고 다음 날 저녁 때 즈음에 전화벨이 울렸다. 왠지 그 사람일 것만 같은 느낌이 들었다. 수화기를 들어 보니 정말로 어제 바래다주었던 그 남자의 목소리였다.

“지금 집 앞으로 가고 있으니까 당장 나와!”

남자의 말투는 명령조에 가까웠다. 잠시 후에 나는 창밖으로 남자의 차가 도착한 것을 확인하고는 추리닝 바지에 헐렁한 티만 입고 슬리퍼를 신고는 서둘러 밖으로 나갔다. 남자는 약간 피곤해 보였다. 나는 잠깐 얘기만 하는 줄 알고 차에 올랐다.

그런데 남자는 곧바로 차에 시동을 걸더니 후줄근한 옷차림의 나를 데리고 강남까지 나갔다. 남자는 무릎이 나온 추리닝 바지에 슬리퍼를 신은 나를 아무렇지도 않게 대했다. 본 지 하루밖에 지나지 않았는데 오래 봐 왔던 것처럼 편하게 내 앞에서 술을 마셨다. 그런 모습이 어쩐지 남자다워 보였다. 그 일 이후로 우리는 오빠 동생 사이로 계속 만남을 이어갔다.

그 남자의 **허세**

집까지 바래다 준 그 남자는 당시에 최고의 인기를 구가하는 연예인이었다. 그래서인지 남의 시선을 유난히 의식했고 겉으로 보이는 모습에 매우 많은 신경을 썼다. 외제차를 탔던 이유도 그 때문이었다. 그런데 알고 보니 그 외제차는 사실 겉만 멀쩡했을 뿐 오래된 고물차였다.

어느 날 집으로 나를 데려다 주는데 탄내가 조금씩 나더니 앞 범퍼에서 갑자기 연기가 나기 시작했다. 놀라서 차를 갓길에 댔지만 마땅히 손 쓸 방법이 없어서 꾸역꾸역 차를 끌고는 내가 사는 집 앞까지 왔다.

"찬물 좀 가지고 나와." 라고 해서 알았다고 하고는 물을 가지고 나오자, 차의 앞 범퍼 쪽 어딘가에 그 물을 넣었다. 그러고 나서 "응급처치 다 됐으니까 빨리 갈게." 하고는 차를 다시 끌고 갔는데 그 다음 날 결국 그 차는 폐차되었다. 너무 오래된 차였고 오일 넣는 쪽이 다 망가진 상태였기 때문에, 차를 구입한 비용보다 수리비가 더 많이 들 판이었다. 남들한테 번듯하게 보이기 위해서 오래된 외제차를 무리

해서 구입한 것이 결국 탈이 나고 말았다. 차뿐만이 아니라 평소에도 남의 시선 때문에 무리했던 일이 많았다.

지갑은 늘 입이 닫히지 않을 정도로 현금으로 두둑하게 채워져 있었고, 그 현금으로 걸핏하면 후배들이나 주위 사람들에게 밥이나 술을 샀다. 또 날씨와 상관없이 항상 바바리코트를 입었고 깃을 세우고 다니면서 거만하면서도 차가워 보이려고 했다. 지금 생각해 보면 단지 허세일 뿐인데 그때는 그 허세 때문에 더 남자다워 보였고, 멋있어 보였다. 허세조차도 내게는 자신감으로 보였다.

프러포즈를 받을 때가 되어서야 그중 많은 부분이 그저 겉으로 보이는 모습에 불과했다는 것을 알았다. 두둑했던 지갑은 알고 보니 전 재산을 가지고 다니는 것이었고 남자가 살던 집도 본인의 소유가 아니라 아는 선배의 소유였다. 또 평소에 서울말만 쓰고 부모님이나 자라온 환경에 대해서 잘 이야기하지 않아서 서울 토박이인 줄 알았는데 알고 보니 전남 목포 사람이었다.

하지만 그때는 내가 워낙 어렸기 때문에 눈에 보이는 그의 겉모습이 본래의 모습이라고 착각했다. 또 모든 모습이 좋아 보였기 때문에 단점이 잘 눈에 들어오지 않았다. 심지어 나를 위해서 다른 사람들에게 화를 내는 모습조차도 터프해 보였고, 내 편이 되어 주는 것 같았다. 당시에 남자는 늘 바빴지만 처음에는 일주일에 서너 번, 그 뒤로는 일주일에 한 번 혹은 이 주에 한 번씩은 꾸준히 만났기 때문에 매번 허세 가득한 모습으로 나타나더라도 관계는 계속 이어졌다.

너 아니면 안 돼!

“아무래도 네가 아니면 다시는 너 같은 여자를 못 만날 것 같단 생각이 들었단 말이야. 전화도 그래서 다시 한 거야.”

“그래서요?”

“이제 나랑 같이 살자!“

이런 말로 프러포즈를 받는다면 얼마나 설렐까? 아마 시간이 흘러도 계속 생각이 날 것이다. 연예인인 남자와 이성도 아니고 그렇다고 남도 아닌 애매한 사이로 지내던 어느 날이었다. 친하게 지내던 중학교 동창으로부터 전화 한 통을 받게 되었고 나는 그 친구의 자취방으로 곧장 찾아갔다. 친구는 잔뜩 화가 나서 나한테 말했다.

“너희 둘이 도대체 무슨 사이야?”

“그냥 오빠 동생으로 만나고 있는데…….”

“야, 오빠 동생으로 만날 것 같으면 왜 만나? 네가 나중에 더 상처를 받을 게 뻔하니까 그만 여기서 끝내.”

다짜고짜 헤어지라고 말하는 친구의 말에 나는 영문을 몰라서 말했다.

“무슨 일 때문에 그러는데?”

“이 바보야, 그 사람 오늘 어디 갔는지 알아?”

나는 당연히 모른다고 했고 친구가 오늘 낮에 자기가 근무하고 있는 호텔 커피숍에서 그 남자가 꽃다발을 받고 나오는 모습을 봤는데 어떤 여자가 옆에 있었다고 했다. 처음에는 그저 “팬이 준 거 아니야?” 라고 했는데 인상착의나 분위기가 아무래도 그때 옷가게에서 본 여자 같았다.

나도 워낙 편하게 만나 오던 터라 그렇게까지 심각하게 여기지 않았지만 다시 생각해 보니 그 남자 주변에는 여자도 많았고 굳이 내가 그를 만날 이유가 없을 것 같았다. 그래서 그 남자에게 바로 전화를 걸어서 단호하게 말했다.

“오빠, 이젠 그만 만나는 게 좋을 것 같아요.”

“알았어.”

남자는 그렇게만 말하고는 전화를 끊어버렸다. 내가 수화기를 놓자 곁에 있던 친구가 흥분하며 말했다.

“거봐, 바로 알았다고 하지? 잘했어. 연예인들은 다 똑같다니까, 네가 지금은 힘들지만 나중엔 더 힘들어질 수 있어. 다행이야.”

친구가 위로해 주었지만 내 표정이 꽤 좋지 않았던 모양이었다. 친구는 자기가 더 속상했는지 술도 못 먹는 친구가 자취방에 있는 맥주 한 컵을 단숨에 들이켰다. 그때 다시 전화벨이 울렸고 친구가 전화를 받았다. 그 남자였다.

나를 바꾸라고 한 모양인데, 가뜩이나 술이 약한 친구가 취기가 올라 술김에 “현주는 왜 찾아요?” 하고 당돌하게 물었고 그 남자는 바꿔달라고 다시 한 번 이야기했다. 나는 결국 수화기를 건네받았다. 수화기 너머로 그 남자의 목소리가 들려왔다.

"아까 자다가 전화를 받았는데, 일단 그쪽으로 갈 거니깐 당장 집 앞으로 나와."

"싫어요, 여길 왜 와요? 오지 마세요!"

그렇게 말했지만 남자는 전화를 끊자마자 택시를 타고 달려와서는 친구 집 앞에서 소리를 질러댔다.

"안현주 나와!"

나는 남자가 그렇게 다급하게 달려올 줄은 꿈에도 생각지 못했기 때문에 간이 콩알만 해졌지만 한편으론 기쁘기도 했다. 남자는 계속 나오라고 외쳤고 동네 개들도 시끄럽게 짖기 시작했다. 그러자 절대로 만나지 말라던 친구도 당황하기 시작했다. 집주인한테 욕을 먹을까 봐 걱정이 되는지 일단 나가보라고 했다. 나는 친구 앞에서는 단호하게 헤어질 태세였다. 그렇게 밖으로 나와서 그 남자에게로 향했다. 그런데 남자는 전혀 예상치 못한 말을 내게 하기 시작했다.

"목포에 있는 내 남동생이 있는데 나를 얼마나 대단한 형으로 알고 있는 줄 알아? 근데 걔가 듣고 있는 데서 여자한테 헤어지자는 말을 들었으니 내 체면이 뭐가 되겠어, 그래서 그냥 알았다고 한 건데……. 전화를 끊고 나니깐 갑자기 필름이 돌아가더라고, 아무래도 네가 아니면 다시는 너 같은 여자를 못 만날 것 같단 생각이 들었단 말이야. 전화도 그래서 다시 한 거야."

"그래서요?"

"이제 나랑 같이 살자!"

남자는 거침없이 그렇게 말했다. 나는 순간 발끈해서 외쳤다.

"저를 뭐로 보고 동거하자고 하시는 거예요? 우리 아빠한테 맞아 죽어요."

"그게 아니라 네가 내일 춘천에 내려가 있으면 내가 부모님 찾아뵙고 결혼 승낙을 받을게."

남자는 그렇게 말했다. 그렇게 경황없이 프러포즈를 받게 되었다. 그때 나는 한 번 정도 "생각해 볼게요……." 라고 말하면서 튕겨야 했는지도 모른다. 하지만 난 그저 결혼하면 부모님과 완전히 떨어져서 살 수 있고 이 생활에서 벗어날 수 있다는 것이 기뻤다. 그래서 "네." 라는 말로 쉽게 그 청혼을 수락하고 말았다. 그때 내 나이가 스물하나였고, 그 남자는 스물일곱이었다. 둘 다 너무 어린 나이였다.

다음 날 나는 전남편이 시킨 대로 춘천에 내려가서 아빠에게 청혼 받았다는 소식을 전했다. 아빠는 처음에는 연예인이고, 고향도 마음에 안 들고, 잘생겨서 안 된다며 반대했다. 나는 상심해서 무려 일주일 동안이나 단식투쟁을 했다. 지금 생각하면 왜 그랬나 싶지만 그때는 당장 집에서 벗어나고 싶다는 마음뿐이었다.

아빠는 결국 고집을 꺾었고 "일단 만나만 보겠다." 고 했다. 그런데 다음 날이 되었을 때 안 그래도 아빠에게 밉상으로 찍혀 있던 그 남자가 약속 시간보다 훨씬 늦게 도착했다. 게다가 하필이면 하얀색 양복에 하얀색 백구두를 신은 화려한 모습으로 나타났다. 아빠는 "일단 점심 예약을 해 놨으니까 나가자." 고 했고 우리를 모두 고깃집으로 향했다. 아빠는 남편의 옷에 음식이 튈까 봐 앞치마까지 챙겨 주셨고, 저녁에는 사윗감으로 인정한다는 뜻으로 백숙까지 사 주시며 결혼을 허락하셨다.

지금 생각하면 그렇게 안 된다고 하셨다가 한 번에 허락한 아빠가 야속하기도 하다. 끝까지 안 된다고 하셨으면 지금 나는 어떻게 살아가고 있을까…….

그때 나는 결혼만 하면 이전의 모든 괴로움과 외로움에서 벗어날 수 있을 것이라고 생각했다. 하지만 쓸쓸하게 자라온 많은 날들로 인한 성급한 선택 그리고 떠돌이 같은 삶을 벗어나서 정착하고 싶다는 간절한 마음으로 인해 나는 오히려 다시금 더 어두운 터널로 들어가고 있었다. 하지만 그때는 정말로 알지 못했다. 정말로…….

03

바람난 별을 안고 살다

별이 빛나던 날에
이 층 집에 사는 인형
스물둘에 찾아온 선물
태국으로 날아간 임산부
아름다운 아이와 별의 거짓말
여자의 목소리와 깨어진 마음
화려했던 웨딩마치
새콤달콤했던 괌에서의 허니문

별이 빛나던 날에

우리는 결혼하기 전에 약혼부터 했다. 당시에 남편이 최고의 인기를 얻고 있었기 때문에 결혼하면 인기가 떨어질까 봐서 친정 아빠가 일단 혼인신고를 하고 약혼식만 치르고 살라고 했다. 우리는 친정 아빠 말씀대로 1992년 5월 5일 약혼식을 하고 혼인신고도 하고는 같이 살기로 했다.

약혼식은 일가친척이 모두 모인 자리에서 크고 화려하게 치러졌다. 당장 결혼식을 올리지 못하는 것 때문에 내가 속상해할까 봐 친정 부모님께서 일부러 약혼식도 결혼식처럼 신경 써서 준비해 준 것이다. 약혼식은 우리 집에서 모든 것을 다 준비했다. 한복도 고모가 하시는 한복 가게에서 해 입었다. 우리 부부는 분홍색 한복을 입었는데 둘이 워낙 닮다 보니 선남선녀가 만났다며 다들 칭찬했다. 그리고 잘 살 거라고 말해 주었다.

약혼식을 치르는 건물 밖은 나무들이 울창했고 바람이 불 때마다 이파리들이 가볍게 흔들리는 모습이 더없이 청량해 보였다. 들꽃조차도 일부러 꾸며낸 모습이 아닌데도 자연의 색 그대로 예쁘게 피어 있었다. 그때 나는 궁중에서 입는 활옷 모양의 한복을 입고 있었고 머리를 쪽지듯이 예쁘게 올려서 곱게 화장하고 있었다. 거울에 비친 나의 모습을 보니, 스스로 느끼기에도 그 어느 때보다 아름다워 보였다. 나는 마치 그 속을 노니는 공주 같은 기분으로 서서 그 풍경을 바라보았다.

약혼식이 봄에 치러지다 보니 식장 바깥으로 보이는 풍경이나 사람들의 표정에서도 봄기운이 넘쳤다. 친인척들이 다가와서 "자랄 때는 꼭 선머슴 같더니 꾸며 놓으니까 천상 여자네." 하고 말하면서 미소 가득한 얼굴로 나를 바라보았다.

엄마는 나에게 "뭐든지 네가 잘해야 한다." 라고 했고, 아빠는 딱히 말씀은 안 하셨지만 표정은 무척 들떠 보이셨다. 언니와 여동생은 식이 진행될 때 하객들을 챙겨주기도 하고 내 옷매무새가 흐트러지지 않도록 곁에서 계속 신경 써 주었다.

지인이 사회를 보았고 약혼식은 순조롭게 진행되었다. 우리는 양가 어른들에게 인사하고 케이크 커팅을 했다. 모두들 박수치며 환호해 주었다. 그 순간 난 정말로 내 앞날에 햇살이 비추기 시작한 것이라고 생각했다. 절차는 중요한 것이 아니라고 말하는 사람도 있지만 그 순간만큼은 정말로 행복했고 옆에 있는 남자와 그 어떤 고난이라도 다 헤쳐 나갈 수 있을 것 같았다. 맞춰 입은 한복처럼 잘 맞춰서 살 수 있을 것 같았다. 그날 내 옆에 있었던 별은 정말로 밝게 빛나고 있었다.

우리는 약혼한 날 바로 혼인신고를 했다. 절차도 매우 간단했다. 한남동 동사무소에 부부의 지인 한 명씩을 데리고 가서 서류에 항목을 작성하고 우리가 사인한 후에 지인들이 사인하고 제출하면 끝이었다. 너무 간단해서 싱거웠다. 그래도 혼인신고를 하고 보니 내가 정말로 그 사람의 부인이 되었다는 것이 실감이 나서 한편 기쁘기도 했다. 난 그냥 둘이 살면 모든 게 다 잘될 거라고 믿었고, 내가 사랑하는 사람과 함께하는 것이니 힘들어도 잘 참고 살 수 있을 것만 같았다.

이층집에 사는 인형

신혼집은 서울 한남동에 이층집 주택으로 마련했다. 문을 열고 안으로 들어서면 벽돌로 꾸며진 벽난로가 제일 먼저 눈에 들어왔다. 넓은 거실을 비추는 창은 확 트여 있었고, 커다란 주방에는 대리석으로 만들어진 식탁과 요리하고 싶은 마음이 절로 들게 하는 조리대가 있었다.

아침에 일어나면 정성 들여 요리를 만들었지만 그때는 아직 요리 실력이 서툴 때였다. 맛은 그다지 없었지만 남편은 언제나 맛있게 먹어 주었다. 남편이 일하러 나가고 나면 나는 여동생과 함께 커다란 거실에 마주 앉아서 동생이 공부하는 옷 디자인에 대해서 이야기하기도 하고 만든 옷들을 입어보기도 했다.

가끔 집에 놀러 오는 친구들이 "TV에 나오는 사람하고 살면 어때?" 하면서 신기해했고 유명한 연예인들의 이름을 거론하면서 "그 사람 본 적 있어?" 하고 물어보았다. 또 남편이 언제 들어오는지 꼬치꼬치 캐물었다. 한번은 집에서 남편이 아기 띠를 하고서 골프 연습을 하고 있었는데 친구들은 그 모습조차 멋있다며 감탄을 늘어놓았다.

당시 내 또래 친구들은 그때 한창 대학을 다니거나 일을 하고 있을 때였고, 남자친구를 만나서 다들 소박하게 연애를 하고 있었다. 그런데 나는 벌써 약혼까지 해서 널찍한 신혼집까지 마련했으니 꽤 안정된 삶을 이룬 셈이었다. 친구들은 집에 놀러 왔을 때 신발을 벗으면서부터 " 와-" 하며 감탄했고, 안으로 들어와서는 집안 여기저기를 둘러보며 눈이 휘둥그레져서는 "미국에 온 것 같다." 고 했다. 그럴 때는 나도 꽤 으쓱해졌고 예쁜 성으로 누군가를 초대한 공주가 된 기분이었다.

남편은 약혼하기 전에 나한테 "손에 물 한 방울 안 묻히게 해 줄게." 라는 말은 해 준 적이 없지만 부모님에게 "원래 딸 중에는 셋째 딸이 제일 예쁘다고 하는데 처갓집에는 둘째 따님이 제일 예쁜 것 같습니다. 감사합니다. 예쁜 딸을 주셔서……. 열심히 살겠습니다!" 하고 말했다. 그 말에 부모님과 나는 완전히 폭소하고 말았다. 우리 집에서는 언제나 셋째 딸을 최고로 생각했다. 솔직히 나는 우리 집에서 '미운 오리 새끼'나 다름이 없었기 때문에 그 말을 들었을 때 내 모습 그대로를 예뻐해 주고 사랑해 주는 누군가가 생겼다는 사실에 날아갈 듯 기뻤다.

하지만 남편이 그렇게 말했던 순간은 그때뿐이었다. 약혼하고 같이 살게 되자 오빠 동생으로 지내던 총각 때처럼 무뚝뚝하게 나를 대했다. 달콤한 신혼 생활을 즐기기는커녕 지인으로부터 주도권을 쥐기 위한 팁을 획득하고는 그것을 실천하느라 바빴다. 그 팁이라는 것은 매일매일 일찍 들어가다가 어쩌다 한 번씩 늦게 들어가면 엄청나게 욕을 먹게 되니까 아예 들어가지 않거나 아니면 매번 늦게 들어가야 한다는 것이었다. 어쩌다 한 번씩만 일찍 들어가는 것도 포함되어 있었다.

남편은 그 팁을 잘 실천했고 집에 잘 들어오지 않았다. 들어와도 아침에나 들어오기 일쑤였다. 업소 일 때문에도 그랬고 노느라고도 그랬다. 만약 그때 늘 나 혼자였다면 외로워 죽고 말았을 것이다. 하지만 다행히 그때는 여동생과 시동생이 같이 살았기 때문에 적적함을 덜 수 있었다.

시간이 지날수록 남편과의 다툼이 늘어갔다. 남편은 나와 약혼까지 했지만 총각 때와 다름없이 여전히 늦게 귀가했다. 여자 문제도 전혀 정리되지 않은 상태였다. 왜 굳이 나와 결혼한 것인지 의문이 들었다.

어느 날 남편에게 물었다.

"오빠, 왜 나랑 결혼했어요? 오빠 나 사랑해서 결혼한 거 맞아요?"

"사랑한다고 꼭 말로 표현해야 되냐? 사랑하니까 결혼했지, 안 했으면 결혼했겠냐?"

남편은 딱 잘라 그렇게 대꾸했다. 그래도 난 서운하기는커녕 오히려 한편으로는 기분이 좋았다. 어쨌든 그것도 사랑의 표현이라고 생각했다.

남편은 한 번도 집안일을 도와준 적이 없지만 굳이 내가 도와달라고 청한 적도 없었다. 하물며 무거운 침대를 옮기는 것조차도 나 혼자서 해결했다. 남편은 집에만 오면 거의 움직이지 않았다. 대신 왕에 가까운 대접을 받았다. 나는 가부장적인 아버지 밑에서 자랐고 그

때는 그렇게 살아야만 하는 줄 알았다. 그래서 남편이 "물 가지고 와라.", "밥 차려 와라.", "이거 좀 치워 달라." 등등 이것저것 시키면 시키는 대로 뭐든지 다 해 주었다. 하도 움직이는 걸 싫어해서 침대 위에서 음식을 먹게끔 해 주기도 했다. 집에 있을 때, 남편은 손 하나 까딱하지 않았다.

나도 남자가 밖에서 일하고 돌아오면 집은 쉬는 곳이라고 생각했다. 내가 할 일이 따로 있고 남자가 할 일이 따로 있다고 생각했기 때문에 집안일을 도와주지 않는다고 해서 그걸로 다툰 적은 없었다. 하지만 남편이 하숙생처럼 느껴지는 건 어쩔 수 없었다. 집안일을 하지 않는 건 그렇다 치고, 집에 들어오면 나와 이야기를 나누거나 같이 무언가를 하려는 생각은 전혀 하지 않고, 그저 드러누워 잠자기에 바빴다. 남편에게 집은 의식주를 해결하는 공간에 불과했다.

처음에는 큰 집에서 사랑하는 남편과 살게 되어 설레었다. 하지만 날이 갈수록 집안에 있는 인형이 되어가는 기분이 들었다. 예뻐서 샀지만 일단 얻고 나면 거의 관심을 두지 않아서 먼지만 쌓여가는 인형 말이다. 그런 나 자신이 갈수록 초라하게 느껴졌다.

나는 남편과 마음을 나누고 싶었고 그러기 위해서는 함께 대화하는 시간이 필요했다. 그래서 그런 시간을 가지려고 온종일 남편을 기다렸다. 그러다 보면 할 이야기가 머릿속에 가득 차 있었다. 하지만 전혀 대화할 생각도 의지도 없었던 남편은 집에만 들어오면 지퍼로 입을 닫아버렸다.

내가 열 마디를 물어보면 겨우 두 마디 대꾸할 정도로 말이 없었다. 나의 일상이 재미없어서 대신 TV에서 보거나 남들에게 들은 이야기를 남편 앞에서 혼자 떠들었다. 남편은 내 얘기를 듣는 둥 마는 둥 했고, 졸리면 그냥 자 버렸다. 신혼인데도 다정하게 말 한마디 걸어준 적이 없었다. 남들이 볼 때만 사이가 좋아 보이는 것처럼 다정다감하고 따뜻하게 대했다. 이런 남편의 행동을 보고 한번은 남편의 여자 동료가 내게 이렇게 말한 적도 있었다.

“언니, 오빠 같은 사람이랑 결혼해서 얼마나 행복하고 좋아? 우리한테도 이렇게 잘해 주는데, 부럽다 부러워.”

그때 나는 속으로 ‘너도 내 남편이랑 한번 살아 봐. 그런 소리가 나오나.’ 했지만 겉으로는 그냥 웃고 말았다. 남편과 같이 있어도 혼자 있는 것처럼 점점 더 외로워졌다.

특히 결혼하고 얼마 지나지 않아 집으로 걸려오는 의문의 전화들과 남편의 이상한 태도는 나를 더 쓸쓸하고 우울하게 만들었다. 그때는 핸드폰도 귀했고 삐삐로만 연락을 주고받았었다. 그래서 방송 섭외를 포함한 모든 연락이 집으로 왔다. 그 때문인지 여자들도 집으로 전화를 걸어 왔다. 전화를 받으면, 아직 정리가 안 된 여자들이 있는 건지 아니면 장난 전화인지는 모르겠지만 계속 알 수 없는 황당한 이야기들을 늘어놓았다.

남편의 애인이라고 말하는 여자도 있었고 뜬금없이 남편을 찾는 여자도 있었다. 안 들어왔다고 하면 자기랑 같이 있다고 했고 또 애 우는 소리를 들려주면서 남편 애라고 하는 여자도 있었다. 아무리 연예인이라지만 이상했다. 남편이 연예인이라고 해서 여자들이 이런 전화를 걸 이유는 없었다. 하루 이틀도 아니고 수시로 걸려오다 보니 아무리 남편을 하늘 같이 떠받드는 여자라도 의심이 될 수밖에 없는 상황이었다. 나 역시 마찬가지였고 남편이 바라는 대로 착하고 자비로운 아내로 살아가기에는 인내심을 요구하는 일들만 자꾸 늘어 갔다.

약혼을 하기 전 가졌던 바람과는 다르게 남편에 대한 신뢰는 점점 무너졌다. 남편이 늦게 들어오거나 안 들어오면 이상한 생각부터 들었다. 하지만 남편은 무너진 신뢰를 회복하려 하기보다는 그 순간을 모면하는 일에만 급급했다. 여자들에게 전화가 왔었다는 이야기를 간혹 꺼내면 나보다 더 화를 내면서 소리를 질렀다. 그러는 바람에 마지막에는 꼭 내가 잘못한 것처럼 마무리되고 말았다.

한 번도 왜 그런 전화가 오는지에 대해서 속 시원한 대답을 들은 적이 없었다. 아마 요즘 여자들이라면 아무도 그냥 넘어가려 하지 않을 것이다. 하지만 나는 어찌 됐든 남편을 사랑했기 때문에 상처가 커도 작은 말다툼만 벌이는 것이 전부였다. 그러고 나면 그 일은 또 그냥 넘어가 버렸다.

스물둘에 **찾아온 선물**

약혼하고 나서 5개월쯤 지난 1992년 9월 즈음에 나는 첫아이를 임신했다. 정말 기쁘고 뿌듯했다. 병원에서 소식을 듣고 나서 집으로 오는데 눈에 띄는 모든 것이 다 아름답게만 보였다. 가을인데도 전혀 쌀쌀함이 느껴지지 않을 정도로 마음이 포근하고 따뜻했다. 친정에도 전화해서 그 소식을 알렸다. 친정 엄마는 함께 기뻐하셨고 첫아이는 무조건 조심해야 한다고 당부하셨다. 그렇게 다정하게 말해 주는 엄마의 말에 눈물이 날 것 같았다.

사실 약혼식을 하고 나서도 누군가의 아내가 되었다는 것을 실감하지 못했는데 남편과의 사이에서 귀한 아이를 얻고 나니 무언가 더 안정을 얻은 느낌이었다. 시어머니에게 소식을 전하기 위해 버튼을 누르는 순간까지도 마음이 마구 설레었고, 얼마나 예쁜 아이일지 당장이라도 만나고 싶은 마음에 한껏 들떠 있었다.

마침내 버튼을 다 누르고 나서 시어머니가 전화를 받으셨고 나는 임신 소식을 알렸다. 어떤 반응일까, 가슴이 두근두근했다. 그런데 뜻밖에도 축하가 아닌 꾸지람이 들려왔다. 첫째가 들으면 속상할 이야기겠지만 그때 시어머니는 "무슨 아이를 이렇게 일찍 가졌니? 천천히 애를 가지지 뭐 이렇게 일찍 나으려고 해, 그냥 애는 지우지 그러니?" 하고 내게 말씀하셨다.

어린 나이에 그 말은 큰 상처가 되었다. 시어머니의 말을 따라야 하나 고민하다 가 슬픔에 잠겼다. 시어머니도 당연히 기뻐하실 줄 알았는데 그저 당신 아들 고생시킬까 봐 그 걱정만 되셨던 모양이다. 친정 엄마한테 전화해서 말했더니 속상하신지 한숨을 푹 내쉬셨다. 그러더니 첫아이를 지우면 다시는 애를 못 가질 수 있다며 안 된다고 하셨다.

나에게 첫아이는 세상 그 무엇보다도 소중한 존재이기에 친정 엄마의 말을 따르기로 했다. 몸 상태나 마음 상태도 되도록 맑고 긍정적으로 유지하려고 애썼다. 하지만 남편과의 잦은 다툼 때문에 노력만큼 잘 되지는 않았다. 동생이 나를 많이 도와주고 말벗이 되어 주었다. 하지만 한창 대학을 다니던 친구들과는 별다른 공감대가 없어서 갈수록 멀어졌다.

가장 가까이서 마음으로 다독여줘야 할 남편은 임신하기 전과 전혀 달라진 것이 없었다. 그래도 다행히 첫아이는 임신 초에만 입덧을 조금 했고, 그 뒤로는 특별히 나를 힘들게 한 적이 없었다. 하지만 문제는 개월 수가 늘어갈수록 점점 배가 부풀어 오르는 것이었다.

그즈음에도 남편이 다른 남편들처럼 나를 챙겨주거나 보살펴 주기를 기대한 적이 없었다. 집안일은 여전히 내가 도맡아 했고 남편은 집에서 왕 대접을 받았다. 배가 부풀어서 집안일을 하기가 버거웠을 때도 남편에게 집안일을 시킨 적은 없었다. 남편 또한 도와줄 마음이 없었다.

임신하고 보니 사실 전보다 더 외로웠다. 조금만 있어도 피곤해서 금방 잠이 온다거나 뱃속의 아이가 발로 차는 게 느껴질 때는 남편과도 그런 변화에 대해 이야기를 나누고 싶었지만 남편은 그저 건성으로 듣기만 했고 자기 일만 했다.

남편은 결혼했다거나 혹은 곧 아빠가 된다는 것에 대해 전혀 감흥을 느끼지 못하는 것처럼 보였다. 집에 임산부를 두고 늦게 들어오거나 아이를 날 때도 되지 않았는데 가진통이 오면 "일단 병원 가봐." 라고 남처럼 시큰둥하게 말했다.

아주 가끔은 본인도 미안했는지 먹고 싶은 게 없냐며 집에 갈 때 사가지고 가겠다고 했다. 하지만 그런 말 역시 어딘가 본인의 마음이 편치 않아서 하는 말일 뿐 나를 배려한 것은 아니었다. 상식적이라면 일이 끝나고 바로 집에 들어와 아내가 잠들기 전에 사 들고 온 음식을 먹여 주기 마련이지만 남편은 전혀 그럴 마음이 없었다. 내가 이미 잠들어 버린 새벽에 사 들고 온 음식을 곁에 놓고는 나를 깨웠다.

"이거 아까 먹고 싶다며? 사왔으니까 좀 먹어봐."

그러면서 자다 깬 내 앞에 음식을 들이밀었다. 전혀 이해할 수 없었고 또 자다 일어나서 그 음식이 먹고 싶을 리도 없었다.

"아까 먹고 싶었지, 다 늦은 지금 그게 먹고 싶지는 않은데요."

"기껏 사 왔는데 왜 안 먹어? 너 성격 이상하다?"

남편은 그렇게 말하고는 아침에 먹으라고 이야기했다. 임신한 아내를 걱정하는 말투가 아니었다. 또 뱃속의 아이를 진심으로 걱정하는 말투도 아니었다. 그나마 그런 남편을 봐줄 수 있었던 것은 내가 먹고 싶은 음식이 있으면 멀어도 직접 데려가 사 주었기 때문이었다. 나는 그것만으로도 만족했다.

태국으로 날아간 **임산부**

남편 동기 중에 오랫동안 같이 살다가 뒤늦게 결혼한 부부가 있었다. 어차피 살다가 가는 신혼여행이라 단둘이 가면 재미가 없다며 우리 가족, 선배 가족 그리고 늦게 결혼한 가족과 함께 태국 방콕으로 신혼여행을 떠나기로 했다. 그때 나는 임신 8개월 즈음이었다.

남편의 선배는 나를 놀리려고 "임신 8개월은 비행기를 탈 수 없으니까 배를 잘 숨겨라." 고 했고 "중간에 걸리면 다시 한국으로 돌아가야 한다." 고 말했다. 하지만 나는 비행기에서 아이를 낳는 것까지 각오하고 함께 가기로 했다. 처음 가는 외국 여행이고 비행기도 처음 타보는 것이었기에 임신한 몸이더라도 꼭 가보고 싶었다. 무조건 데리고만 가달라고 부탁했다. 그때는 아직 남편이 좋았기에 달나라라도 따라갈 마음이 있었다.

사실 갈 때는 걱정이 좀 됐는데 그래도 무사히 태국에 도착했다. 태국의 공기는 후끈하면서도 습했고 사람들의 생활은 빈곤해 보였지만 표정에서는 여유로움이 넘쳤다. 공항에서 호텔로 이동하면서 바깥 풍경을 바라보니 가난한 시골 마을 같은 풍경이 펼쳐졌다. 사원들과 수상 가옥이 줄지어 있는 거리와 그 위를 오가는 승려들이 눈에 띄었다.

이동하는 차량 안에서 남편은 함께 떠나는 남자들과 어울려 놀기에 바빴다. 남편과 함께 떠나는 것이기에 추억을 만들고 싶었는데 그저 같이 여행을 떠나는 일행 비슷하게 되어버렸다. 속상했지만 이곳까지 데려와 준 것만으로도 고마웠다. 남편이 놀아 주기 않아도 함께 온 언니들과 수다를 떨 수 있어서 좋았다. 이동하면서 우리는 서로의 결혼 생활에 대해서 이야기했다. 연예인의 부인으로 살면서 이미 언니들은 모든 것을 체념해 버린 상태라 "남편한테 무언가를 바라지 말라." 며 "참고 견디면서 살아야 된다." 고 했다. 그 말에 나는 고개를 끄덕였지만 솔직히 완전하게 그 말을 이해한 것은 아니었다.

차에서 내린 뒤에는 방콕의 새벽 사원이나 왓포 사원 그리고 야시장 같은 곳을 잠깐씩 들렀는데 왠지 다닐수록 괜히 왔다 싶고 우울했다. 떠날 때는 데려가 주는 것만으로도 감사했지만 막상 방콕에 와서 보니 임산부가 소화하기에는 일정이 너무 버거웠다. 잠깐이었지만 알록달록하고 정교하게 만들어진 사원을 구경하기 위해서 험난한 계단을 걸어서 올라가야 했는데 얼굴이 벌게지고 숨이 턱까지 차오르고 배는 밑으로 내려앉는 것 같았다. 그래도 민폐가 되지 않기 위해서 앉아서 쉬지 않고 계속 일행을 따라서 같이 구경했다.

야시장에 갔을 때는 유색 보석이나 실크, 악어가죽 같은 특산품을 파는 상점들과 행운의 상징인 코끼리 모양의 조각이나 옷 그리고 파파야, 망고스틴 같은 과일을 파는 상점들로 상당히 혼잡했다. 그런 와중에 남편은 바쁜 걸음으로 의상과 신기한 물건들을 사러 다니느라 바빴다. 나는 버거운 몸을 이끌고 그 뒤를 분주하게 따라다녔다. 같이 간 일행 중 한 남자 분이 "제수씨 괜찮아요?" 하고 걱정스럽게 물어볼 때는 왠지 모르게 서글퍼졌다. '내가 여기에 왜 왔을까?' 싶었고 무거운 몸으로 이곳까지 따라와서 사서 고생하는 내 모습이 처량하게 느껴졌다.

관광지에 들러도 대충 보고 다른 곳으로 이동하다 보니 태국의 아름다운 풍경이 모두 거기서 거기 같아 보였다. 가이드도 우리가 원하는 대로만 움직이자 지쳐 보였다. 남자들은 차 안에서 이것저것 하면서 노느라 바빴고 호텔에서도 자기네들끼리 모여서 노는 데 전념했다.

유일하게 진지하게 둘러본 코스도 있는데 바로 코브라가 있는 곳이었다. 임산부가 있는데도 남자들은 굳이 그곳으로 향했다. 코브라를 그 자리에서 죽여서 쓸개를 먹는 징그러운 광경이 눈앞에 펼쳐졌다.

고된 일정을 소화해야 하는 데다 아무런 배려도 해 주지 않는 남편 때문에 더 서러웠다. 호텔로 돌아왔을 때 나는 이미 온종일 쌓여 있던 서운함과 분노 때문에 폭발하기 직전이었다. 남편은 그런 내 기분도 알아차리지 못한 채 또 남자들끼리 한 방에 모여서 무언가를 하느라 바빴다. 나는 어떻게 할까 고민하다가 피곤하기도 해서 먼저 방으로 들어와 남편을 기다렸다.

남편은 다음 날 아침이 다 되어서야 내가 있는 방으로 왔다. 나는 자다 일어나서 무언가 말을 하려고 하는데 갑자기 서러움이 복받쳐 엉엉 울고 말았다. 울면서 그동안 쌓아 두었던 말들을 한꺼번에 쏟아냈다. 그러자 남편은 오히려 자신이 황당하다는 얼굴을 하고 내게 말했다.

"이럴 거면 왜 쫓아왔어?"

그 말에 "그럼 나 한국에 그냥 갈게!. "라고 외치고는 짐을 싸기 시작했다. 남편은 크게 당황한 눈치였고 갑자기 미안하다며 "일행도 있는데 같이 가야지, 혼자 가면 돼? 네가 지금 가 버리면 나는 뭐가 돼?" 하면서 달랬다. 하지만 나는 그 말도 들리지 않았고 그대로 계속 짐을 쌌다. 남편은 도저히 안 되겠다고 생각했는지 "그만하라고!" 하며 소리치더니 짐 가방을 옆으로 밀쳐 버렸다. 그 바람에 임산부인 나까지 옆으로 넘어지고 말았다.

그 순간 아이가 잘못되는 것이 아닌가 싶어서 매우 놀랐는데, 남편도 사색이 되어 미안하다며 빌기 시작했다. 그제야 비로소 화가 조금 누그러졌고 남은 일정도 무사히 마칠 수가 있었다.

돌아오는 길도 크게 달라진 것이 없었다. 남편은 여전히 일행들과 노느라 분주했고 나는 일정이 너무 과했던 탓인지 바로 잠이 들어 버렸다. 그 뒤 사진을 보니 내 표정이 웃고 있기는 했지만 어쩐지 위태롭고 안쓰러워 보였다. 산달이 얼마 남지 않아서 배는 산처럼 부풀어 있었고, 얼굴도 통통 부어서 내 모습 같지가 않았다. 추억으로 남아야 할 사진들조차도 나에게는 굴욕이었다. 그때 찍은 사진 중에 몇 장은 그 자리에서 찢어버리기도 했다.

지금 생각해 보면 참 무모했다고밖에 할 수 없다. 그때는 너무나 어렸고 철이 없었다. 지금 같으면 누가 억지로 가자고 해도 절대로 그런 몸으로 떠나지는 않을 것이다. 그 당시에는그저 남편이 좋았고 그래서 뭐든 함께 하고 싶었던 마음만 가득했다. 하지만 남편 역시 어렸기 때문에 우리는 늘 삐딱선만 탔다.

아름다운 아이와 **별의 거짓말**

첫아이는 1993년 6월 24일에 태어났다. 산통을 겪다가 결국 아이가 숨을 쉬지 않아서 응급으로 제왕절개까지 해서 3.4킬로그램의 건강한 사내아이를 낳았다. 마취가 풀리자 수간호사가 아이를 안고 병실로 왔다. 아이는 천사처럼 잠들어 있었고, 코는 오뚝하고 얼굴 생김은 반듯반듯해서 갓 태어난 아이의 모습 같지 않게 정말 귀엽고 사랑스러웠다. 열 달 동안 뱃속에 있을 때 내가 상상했던 모습과 똑 닮은 모습이었다. 통증에 시달리느라 힘들고 지쳤던 마음이 아이의 얼굴을 보자 모두 사르르 녹아 버렸다.

아이는 춘천의 친정집 근처 병원에서 낳았는데 새벽부터 배가 조금씩 아팠었고 아침에 밥을 먹을 때는 통증이 조금 더 심해졌다. 그래도 아무렇지도 않게 밥을 계속 먹었고, 아이를 낳는다는 생각은 미처 하지 못했다. 주위 사람들은 "애는 하늘이 노래야지 나온다." 고 했었다. 나는 설마 곧 애가 나오리라고는 상상도 하지 못했다.

점심을 먹을 때였는데 엄마는 내가 얼굴을 많이 찌푸리는 것을 보고는 이상하다는 것을 감지했는지 "너 어디 아프냐?"고 물었고 나는

"계속 배가 조금씩 아프다 안 아프다 한다." 고 했더니 "애가 나오려나 보다! 이런 미련한 것 같으니……. 지금 밥 먹는 게 중요한 게 아니니 빨리 병원가자!" 라고 했다. 나는 택시를 타고 엄마와 함께 병원으로 향했다.

병원 침대에 눕자마자 양수가 터졌다. 조금만 늦었으면 택시 안에서 양수가 터질 뻔했다. 이미 자궁 문이 다 열려서 병원을 간 것이다. 나는 하늘이 노래질 때까지 참았던 것이다. 양수가 터지자마자 배에 힘이 들어가기 시작했다. TV를 보면 흔히 전문가들이 라마즈 호흡법을 하라고 하는데 난 그냥 배에 힘이 들어갔다.

아이를 낳을 때는 진통이 올 때마다 침대 머리맡의 쇠를 잡고 힘을 주었다. 나중에는 엄마가 옆에서 "그러면 손목 관절이 다 나가니까 내 머리를 잡아!" 하셨고 벽에 걸린 예수님 그림을 가리키시면서 "네가 믿는 하나님 저기 있으니 저길 봐!" 하시면서 엄마가 애를 낳는 것처럼 안절부절 못하시고 울고 계셨다.

그렇게 계속 힘을 주고 있는데 의사 선생님이 보시더니 다급하게 "아이가 숨을 안 쉰다." 고 했고 급하게 수술에 들어갔다. 아무래도 내가 너무 마구잡이로 힘을 준 것 같았다. 그 바람에 탯줄이 아이를 감아 버려서 숨을 못 쉬게 된 것 같아 아이한테 정말로 미안했다. 결국 응급으로 제왕절개를 한 뒤에야 아이는 무사히 태어날 수 있었다. 마취에서 깨어나자 엄마가 울먹거리며 말했다.

"현주야 수고했다. 아들이란다."

"엄마, 손가락 발가락 다 있어?"

"너무 잘 생기고 또릿또릿한 애야."

엄마가 기쁜 말투로 외치는 소리가 들려왔다. 당신은 계속 딸만 낳아서 시집살이가 너무 고됐다. 그래서 당신의 딸도 계속 딸만 낳을까 걱정했는데 단번에 아들을 낳았으니 엄마도 곁에서 매우 기뻐했다. 평소에 좋거나 싫다는 내색을 거의 하시지 않는 아빠 역시 대단히 기뻐했다. 남편은 일을 마치고 늦은 시간에 병원으로 찾아왔다. 아이를 보더니 자기 아이 같지 않다고 신기하다고 하면서 아이를 안은 채 한 손으로 여기저기 전화를 걸어서 자랑하고 있었다. 친정 엄마는 "아들 안 낳으면 어떡할 뻔했니? 밖에서 아들 낳았다고 저렇게 자랑을 하고 있는데……." 했다. 하지만 그날 이후로는 남편이 춘천에 오는 날이 눈에 띄게 줄어들었다.

사실 나는 아이를 낳는 것보다 젖몸살로 더 아팠다. 옆에 있는 산모는 남편이 와서 젖이 불기 전에 양말에 콩을 넣어 가슴을 마사지하면서 풀어주려 애썼다. 나도 젖이 거의 어깨까지 차올랐다. 손끝만 닿아도 '악–' 소리가 날 정도로 아픈데 그런 부위를 마사지하니 이가 갈릴 정도로 고통스러웠고 눈물이 계속 흘렀다. 엄마는 "이럴 때 남편이 곁에서 마사지를 해 줘야 하는데 언제 오느냐?"고 물었다. 결국, 며칠 뒤에 남편에게 전화를 했다. 언제 오느냐고 했더니 남편은 "생방송이 있어서 강원도 설악산에 녹화하러 가야 한다." 고 했다. 그것도 2박 3일로.

이후로도 몸조리하는 내내 남편은 잘 찾아오지 않았다. 나를 만나러 춘천까지 오기가 몹시 번거로웠던 모양이었다. 춘천에 오지 않는 그 시각에 일만 하는 건지 아니면 어디로 놀러 다니는 건지는 도통 알 수 없었다. 결국 몸조리도 제대로 마치지 못한 채 잘 찾아오지 않는 남편을 내가 직접 만나기 위해서 서울 집으로 다시 내려갔다.

서울로 내려간 뒤에는 곁에 아이까지 세 식구가 되었지만 이전과 별로 달라진 것이 없었다. 남편은 아이 돌볼 생각은 전혀 하지 않고 집에 오면 피곤하다며 드러눕기에 바빴다. 그래도 나는 특별히 남편에게 불만을 가진 적은 없었다. 도리어 아기가 울면 남편이 깰까 봐 거실로 나오기도 했고, 될 수 있으면 남편을 쉬게 놔두었다. 방송인이고 또 가장이라는 남편의 입장을 충분히 이해했기에 거의 터치하지 않았다. 단지 일 외에 다른 것들을 즐기니까 그게 불만이었고 그래서 자주 다투었을 뿐 그 외의 일로는 다툰 적이 없었다.

그런데도 남편은 끊임없이 실망만 안겨 주었다. 이상하게도 한창 젖몸살에 시달릴 즈음에 남편이 촬영했다던 설악산 방송의 출연료를 들어오지 않았다. 그때부터 뭔가 의심이 가기 시작했다. 몇 개월 지나서 남편과 차를 타고 가다가 은근슬쩍 남편을 구슬렸다.

“용서해 줄 테니까 솔직하게 말해 봐요. 그때 정말 녹화 간 것 맞아요?”

“정말 용서해 줄 거야? 진짜로 용서해 줄 거지?”

남편은 아무렇지도 않게 웃으면서 그렇게 물었다. 나는 이미 남편이 거짓말을 하고 있다는 것을 알고 있었지만 남편이 그렇게 되물었을 땐 순간 화가 치밀어 올랐다. 하지만 애써 참으며 남편에게 물었다.

“솔직하게만 얘기해 주면 용서해 줄게.”

그러자 남편은 잠시 고민하는듯하더니 아주 태연하고 뻔뻔스럽게 말했다.

“아는 형님들이 꼬셔서 골프 치러 간 거야. 나는 와이프가 애 낳는다고 안 된다고 했는데 형님들이 녹화 간다고 거짓말하고 같이 가자고 했어. 난 안 가려고 했어."

그 말을 듣는 순간 너무 힘겨웠던 기억이 몰아쳤고 서러움에 닭똥 같은 눈물이 마구 흘렀다. 남편은 미안함에 잠시 할 말을 잊었다가 잠긴 목소리로 나지막하게 말했다.

"집으로 그냥 가자."

남편은 바로 차를 유턴했고 우리는 다시 집으로 향했다. 나는 고개를 돌리고 창문 밖을 응시하면 계속 흐느꼈다. 그 일은 가슴 한편에 응어리져서 계속 나를 우울하게 했고 남편을 대할 때 왠지 마음에 벽이 생기도록 만들어 버렸다.

여자의 목소리와 **깨어진 마음**

남편은 직업상 시간에 전혀 구애받지 않았다. 남들처럼 아침에 출근해서 저녁에 퇴근하는 샐러리맨이 아니었고 그 당시에 남편은 밤업소에서 일했기 때문에 집에 들어오는 시간도 일정하지가 않았다. 나는 집에 온 남편 얼굴만 봐도 반가운데 남편은 들어오기만 하면 입에 지퍼를 채우고는 아무 말도 하지 않았다. 직업상 밖에서 말을 많이 하기 때문에 집에 들어와서는 입조차 쉬게 하려고 그런 것 같았다.

집에 들어와서도 전화를 받고는 바로 나갈 채비를 할 때도 많았다. 그럴 때면 화가 치밀었는데 그래도 밖에 일이 있다고 하면 어쩔 수 없이 보내 주었다. 또 언젠가부터 어떤 여자의 전화가 집으로 걸려 왔다. 남편은 그 여자의 전화를 받으면 바로 밖으로 다시 나가 버렸다. 매번 일 때문에 나간다고 하는데 솔직히 그런 것 같지가 않았고 그 일로 다투기도 했는데도 결국 남편은 다시 나가 버렸다.

어느 날은 여자가 술에 취한 목소리로 전화를 걸어 왔다. 남편에게 전화를 바꿔 주자 통화하고는 바로 나갈 채비를 했다. 나는 그런 남편에게 다가가서 따졌다.

"진짜 일 때문에 나가는 거예요? 술 취한 목소리던데……."

"많이 아프대. 사람이 아프다는데 안 가 볼 수 있어? 오죽했으면 나한테 전화까지 했겠어? 나간 김에 일도 하고 올 테니까, 그렇게 알고 있어."

황당하기 그지없었다. 내가 아플 때도 그렇게 급하게 달려온 적이 없었다. 남편 등 뒤에 대고 "그 여자가 아픈데 당신이 왜 가?" 하고 따져 묻자 남편은 다시 일 핑계를 대더니 나가 버렸다. 느낌에 아니라는 것을 알고 있었지만 결정적인 단서가 없어서 그냥 넘어갔다.

그런데 며칠 뒤 결국 내 가슴을 철렁하게 한 일이 터졌다. 아이와 나 그리고 남편까지 셋이서 함께 저녁을 맛있게 먹고 차에 올라 집으로 향하고 있는데 갑자기 남편의 전화가 울렸다. 그 당시에는 핸드폰도 카폰 기능이 되었다.

남편은 자기도 모르게 평소 습관대로 스피커폰으로 전화를 받았다. 어떤 여자의 목소리가 들렸다. 나도 어디서 많이 들어본 목소리였다. 그쪽에서는 "저예요." 라고 했고 남편이 "누구세요?" 하자 그쪽에서 다시 한 번 "저예요." 하고 대답했다. 남편은 당황한 나머지 "아– 네." 했고, 그쪽에서 "지금 전화받기 곤란하세요? 제가 나중에 할까요?" 하자 남편은 "아, 네……." 하고는 얼른 전화를 끊어버렸다.

순간 나는 그 여자의 목소리를 잊을 수가 없었다. 차 안에는 정적이 흐르고 숨소리조차 들리지 않았다. 갑자기 집에 계속 전화했던 여자가 생각났다. 술 먹고 남편을 찾던 그 목소리였다. 남편은 그 전화만 받으면 곧장 밖으로 나가 버렸다. 그때 그 목소리였다. 남편에게 "무슨 사이야?" 하고 따지자 남편은 아무 사이도 아니라며 시치미를 떼고는 같이 일하는 작가라고 둘러댔다.

“매번 집으로 전화하던 여자의 목소리와 똑같다.” 고 하면서 계속 따져 물었는데도 남편은 끝까지 아니라고 잡아뗐다. 머리끝까지 화가 나서 “차 세워! 나 내릴 거야!” 하고 소리쳤다. 남편은 “집에 거의 다 왔으니까 집에 가서 얘기하자.” 며 달랬다. 달리는 차 문을 열고 내리려 하자 남편은 속도를 완전히 낮추며 계속 달랬다. 그런 실랑이 끝에 겨우 집 앞에 도착했다. 그런데 갑자기 남편이 차 문을 확 열더니 “이 핸드폰이 문제야!” 하면서 애꿎은 핸드폰을 바닥에 거칠게 내동댕이쳐 버렸다. 핸드폰은 거의 박살이 났다.

하지만 나도 이번만큼은 정말로 참을 수가 없어서 집에 와서도 남편을 계속 추궁했다. 밤이 되었지만 잠도 오지 않았고 생각 끝에 다음 날 짐을 쌌다. 아이를 업고 집 밖으로 나오려고 하는데 남편이 내 다리를 붙잡으며 말했다.

“진짜 아무 사이도 아니야. 근데 어쨌든 정말 미안해. 제발 한 번만 용서해 줘. 다시는 안 그럴게.”

“아무 사이도 아니면 내가 그 여자랑 통화를 해서 확인해 봐야 되니까, 일단 전화번호를 줘.”

남편은 내가 화내고 대드는 것을 처음 보았고, 놀라서 순순히 전화번호를 가르쳐 주었다. 남편이 준 전화번호를 받아서 바로 집 앞 공중전화 박스로 가서 전화를 걸었다. 어제 그 여자의 목소리였다. 누구누구의 아내라고 밝히고 “왜 남의 남편한테 전화를 걸어요? 도대체 둘이 무슨 사이예요?” 했더니 되레 나보고 남편이 자기한테 전화를 걸었고 자기를 만나려고 한다고 했다. 자기는 “남편도 있고 아이도 있다." 고 했다. 어이가 없었다. 유부녀에 바람까지 피우고 있으면서도 전혀 기죽지 않고 당당했다.

여자는 자기 남편의 직업도 얘기해 주면서 "무역회사를 운영한다." 고 했다. "집에 있는 시간이 거의 없다."며 "내 남편은 그저 스스로 원해서 자기 아이의 유치원에 후배들을 끌고 가서 아빠 노릇까지 한 것 같다." 고 했다. "왜 술만 먹으면 우리 집에 전화해요?" 라고 물었더니 "그쪽 남편이 전화해 달라고 해서 한 것밖에 없다." 며 발뺌했다.

오히려 여자는 내 나이를 운운하면서 "그쪽 남편한테 들어 보니깐 나이가 어리다고 들었는데……. 경솔하네요." 하며 되레 나를 가르치듯 말하는 태도에 가장 기가 막혔다. "남편한테 물어보라." 며 나를 다그쳤는데 자신은 아무것도 잘못한 것이 없고 그저 남편 때문에 만들어진 일들처럼 얘기하는 것도 어이가 없었다.

통화를 마치고 나니 머릿속이 하얘졌다. 자기 아이가 아파도 달려오지 않는 남편이었다. 다시 집으로 올 때는 불쾌하고 머릿속이 복잡해서 어디론가 떠나고 싶었지만 마땅히 갈 곳이 없었다. 아이도 집에 있었기 때문에 어쩔 수 없이 집으로 들어갔다. 문을 열고 남편 얼굴을 보는데 순간 따귀라도 때리고 싶었지만 난 방으로 들어가 다시 짐을 싸기 시작했다. 남편이 다가와서 천연덕스럽게 말했다.

"아니라고 하지?"

난 남편을 째려보고는 외쳤다.

"다 오빠가 잘못했다고 하던데! 그 여자는 연락하지 말라고 했는데 오빠가 계속 전화를 한 거라며? 암튼 도저히 용서할 수 없고, 더는 오빠랑 안 살 거야!"

그러고는 짐 가방을 들고 문 쪽으로 향했다. 남편은 문 쪽으로 먼저 와서 무릎을 꿇고는 말했다.

"다시는 이런 일 없게 할 테니까 한 번만 용서해 줘. 제발, 부탁이다."

남편은 눈물까지 흘리면서 절박하게 매달렸다. 솔직히 짐은 쌌지만 갈 곳이 없었기에 잡아주는 남편의 말에 못 이기는 척 짐 가방을 내려놓고 이야기했다.

"다시는 그 여자랑 일이든 뭐든 절대 안 보는 걸로 약속해! 만약에 한 번만 더 이런 일 있으면 그때는 절대 용서 안 할 거야!"

그러자 남편은 안도하는 빛을 보이며 "다시는 안 그럴게." 하면서 분위기를 풀려고 억지 애교를 피웠다. 그렇게 폭풍은 지나갔다.

결혼 초부터 여자들로부터 전화를 끊임없이 받았지만 그렇게 긴 시간 동안 나를 괴롭혔던 여자는 없었다. 얼굴은 끝내 보지 못했지만 그 여자의 목소리와 당당한 태도는 아직도 잊을 수가 없었다. 남편과 같이 일하는 작가에게 그 여자에 대해 물었더니 처음엔 일적으로 만났다고 했다. 어떻게 그런 관계까지 갔는지는 알 수 없다고 했다.

화려했던 **웨딩마치**

1993년 6월 24일 출산 후, 같은 해 10월 10일에 나는 남편과 결혼식을 올렸다. 속상한 일도 많았지만 남편에 대한 사랑은 여전히 변함이 없었고 또 아이까지 태어났으니 정식으로 결혼식을 올리고 부부가 되는 절차를 밟아야 했다. 우리는 춘천 MBC 안보 회관에 있는 야외 결혼식장에서 결혼식을 올렸다. 흰색의 우아한 디자인의 드레스를 입고는 신부 대기실에 앉아 있었는데 친구들과 하객들이 수시로 몰려와서 사진을 찍었다. 그 바람에 너무 정신이 없어서 빨리 결혼식이 끝났으면 했다.

남편도 조금 긴장을 한 것 같았고 내가 걱정됐는지 수시로 대기실을 왔다 갔다 하며 괜찮으냐고 물었다. 아빠도 많이 긴장하셨는지 표정은 웃고 계셨지만 어딘가 경직돼 보이셨다. 대기실에 있은 지 한참 지난 후에 동생이 찾아와서 "언니, 나갈 준비해." 라고 했다. 자리에서 일어서서 나가 보니 하객들이 매우 많았고 그 많은 시선들이 모두 나를 향해 있었다.

나는 긴장한 채로 아빠의 손을 잡고 행진할 준비를 했다. 뜻밖에도 아빠의 손이 많이 떨리는 것이 느껴졌다. 나는 아빠의 손을 꼬옥 잡아 드렸다. 선생님이셨고 아무리 많은 사람들 앞에서도 떨지 않고 말씀하셨던 분이시기에 마음이 뭔가 뭉클했다. 그 와중에도 메이크업과 드레스 도우미 역할을 해 준 언니 친구가 "현주야, 입장할 때 드레스를 앞발로 차면서 가야 안 넘어진다." 라고 했던 것이 생각나서 드레스를 발로 힘껏 찼다. 너무 세게 차 버리는 바람에 나 혼자 웃음보가 터졌다. 이미 시작된 웃음은 멈출 수가 없었다. 신부가 행진하는 내내 웃고 있으니 사회를 맡은 남편의 동료가 말했다.

"신부가 저렇게 웃으면 첫 딸을 낳습니다. 아, 그런데 우리 제수씨는 헌 신부라 벌써 아들을 낳아서 저렇게 웃어도 괜찮습니다."

그 말에 식장은 삽시간에 웃음바다가 되었다. 나는 여전히 웃고 있었지만 속으로는 딸을 보내는 아빠의 손에서 느껴지는 떨림 때문에 너무 죄송스러웠다. 아빠의 손은 내 손을 남편에게 넘겨주는 순간까지 계속 떨리고 있었다.

남편에게 팔짱을 끼고 마침내 주례 선생님 앞으로 향할 때는 가슴이 마구 두근거렸다. 우리는 맞절하고 주례사를 들었다. 주례사가 끝난 후에는 남편의 동료들이 모두 나와서 축가를 불러 주었는데 마치 개그 공연을 보는 것 같았다. 노래의 앞부분은 조용하고 진지하게 부르다가 뒷부분에서 갑자기 깜짝 놀랄 정도로 경쾌하게 부르면서 웃긴 춤을 추는 모습에 하객들은 모두 자지러졌다. 나와 남편의 결혼식이지만 마치 하객들과 다 함께 즐기는 축제 같은 분위기였다.

축가가 끝나고 나서도 분위기는 여전히 떠들썩했다. 사회자는 "양가 부모님께 인사"라고 말했고 우리는 먼저 친정 부모님 앞에 서서 인사를 드렸는데, 아빠의 얼굴을 보자 문득 행진 때 내 손을 잡고 떠셨던 모습이 떠올랐다. 다행히 인사를 드릴 때는 아까와는 다르게 아빠의 표정이 한결 밝아 보이셔서 마음이 놓였다.

퇴장할 때는 기자가 많이 와서 그런지 카메라 플래시의 "찰칵, 찰칵" 소리가 경쾌하게 들렸다. 방송 카메라까지 우리의 모습을 주시하고 있어서인지 그 순간이 더욱 특별하게 느껴졌다. 마치 영화 속에 주인공이 된 것 같았다.

드레스를 벗은 뒤에는 다른 옷으로 갈아입고 남편과 함께 하객들 한 분 한 분께 인사를 다녔는데 그제야 결혼식장 주변의 풍경이 눈에 들어왔다. 늦가을이어서 그런지 그렇게 푸릇푸릇한 모습은 아니었지만 단풍이 아름답게 져 있었고 사이사이에는 보라색과 노란색의 꽃들이 간간이 피어 있었다. 이미 해는 뉘엿뉘엿 저물어 가고 있었고, 결혼식장 앞에 강을 바라보니 노을빛이 아름답게 번져 마치 내 마음 속까지 고요하게 안정을 되찾아 가는 느낌이었다. 떠들썩했던 결혼식도 어느덧 모두 마무리되어 가고 있었다.

새콤달콤했던 **괌에서의 허니문**

괌으로 처음 여행을 떠난 건 신혼여행 때문이었다. 나름대로 추억을 남기고 싶어서 돈을 주고 내가 원하는 곳으로 갔으면 좋겠다고 생각했는데 남편은 괌에서 하는 행사가 들어왔다며 거기에서 하루만 진행을 해 주고, 공짜로 신혼여행을 가자고 했다. 내 의견을 전혀 고려하지 않은 남편의 결정 때문에 다투기도 했지만 이미 행사도 결정이 난 상태였고 신혼여행을 아예 가지 않을 수도 없어 하는 수없이 괌으로 떠났다.

그런데 문제는 괌으로 떠나는 비행기 안에서부터 생겼다. 행사 관계자에게 남편이 우리도 신혼여행이라고 분명히 얘기했다고 했는데 중간에 뭔가 문제가 있었던 모양이었다. 막상 앉아 보니 나는 앞쪽이었고 남편은 고개를 돌렸을 때 저만치 대각선으로 보이는 자리에 앉아 있었다.

'나도 신혼여행인데 남들 신혼여행 가는 틈에 혼자 끼여서 가야 한다니…….' 정말 우울했다. 내 옆에 있는 신혼부부는 둘이서 뭔가 속닥속닥 거리면서 재미난 이야기를 주고받는데 나는 이야기하고 싶어도 옆에 남편이 없었다. 너무 멋쩍고 그 자리가 불편해 죽을 것 같았다. 그 때 남편이 다가와서 자기도 미안한지 “내가 한국 갈 때는 꼭 같이 앉게 할게. 화 풀어.” 라고 말했다. 그 말에 나는 대꾸도 하지 않았다. 대신 화가 치밀어 올라서 도착할 때까지 맥주만 4캔을 마셨다. 내릴 때가 되었을 때, 나는 뒤도 돌아보지 않고 먼저 가 버렸다. 남편은 서둘러서 나를 뒤쫓아 왔다. 우리는 공항 내에 짐을 찾는 곳에서 만났는데 남편이 계속 나에게 말을 걸었다.

“나도 몰랐어. 떨어져서 올 줄은 진짜로 몰랐어. 분명히 나도 신혼여행 간다고 했어. 미안해.”

남편이 말했지만 짐을 찾고는 숙소로 가는 버스로 향했다. 뒤에서 남편이 쫓아오고 있었지만 신경도 쓰지 않고 먼저 버스에 타 버렸다. 남편은 곧이어 버스에 올라타더니 내 옆자리에 앉고는 말했다.

“갈 때는 같이 갈 수 있도록 할 테니까 화 풀어, 그래도 숙소는 우리 같이 붙어서 가고 있잖아.”

그 말에 나는 어처구니가 없어서 말없이 창밖만 바라보았다. 휴양지라서 그런지 야자수가 많이 보였고 건물들의 색도 모두 밝은 톤이었다. 도로에 가끔 보이는 오픈카에는 신혼부부로 보이는 한 쌍이 흥겹게 몸을 움직이면서 한껏 여유를 만끽하고 있었다. 그 모습을 보고 있자니 어쩐지 나도 기분이 조금 풀렸다. 토라져만 있기에는 창밖의 경치가 정말로 아름다웠다. 남편도 “이왕 왔으니까 기분 풀고 재밌게 놀다 가자.” 고 달래 주어서 비행기에서보다는 마음이 많이 누그러지는 것 같았다.

잠시 후에는 호텔에 도착했는데 버스에서 내려서 호텔 안으로 들어가자 로비가 시원하게 확 트여있고 전경이 정말 아름다웠다. 별 기대하지 않았던 탓인지 보는 순간 바로 감탄하고 말았다.

"오빠, 호텔은 진짜 좋다!"

내가 외치자 남편도 왠지 안도하는 표정이었다. 우리는 바로 호텔방으로 이동했는데 일정이 고돼서 그런지 첫날은 바로 곯아떨어졌다. 다음 날은 호텔에서 근사하게 차려진 조식을 먹고, 걸어서 호텔 가까이에 있는 해변으로 이동했다. 숲이 울창하고 앞에는 에메랄드 빛 바다가 펼쳐져 있는 해변이었다. 나와 남편은 야자수 아래에서 사진을 찍었고 손을 잡고 해변을 천천히 거닐었다. 시간이 멈췄으면 하는 생각이 들 정도로 더할 나위 없이 시원하고 느긋한 풍경이었다.

그렇게 즐거운 시간을 보내고 있는데 갑자기 저만치에서 누군가가 소리를 지르며 우리 쪽으로 달려오는 것이 보였다. 왠지 불길한 예감이 들었다. 다가온 남자는 얼굴이 너무 까매서 그런지 괌의 원주민 같았다. 남편도 잠시 누구인지 알아보지 못했다가 그 남자가 자신의 이름을 말하자 서로 반가워서 부둥켜안으며 그간의 안부를 묻느라 여념이 없었다. 하지만 나는 그 순간이 그저 의아하기만 했다.

잠시 후에 둘은 좀 진정이 됐는지 서로 오늘 일정을 물었고, 우리가 별다른 일이 없다고 하자 그 친구가 자신이 이곳에서 가이드를 해 주겠다고 자청했다. 우리는 그 친구의 차로 이동했고, 차에 타고 나서는 괌 투어에 나섰다.

파세오 공원과 사랑의 절벽 그리고 정부종합청사 같은 곳에 갔는데 가이드를 맡은 남편의 친구가 사진만 찍고는 "움직이자!" 고 해서 우리는 천천히 돌아볼 사이도 없이 다시 어딘가로 이동했다. 그렇게 오전 내내 사진 찍고 바로 이동하는 패턴으로 움직이다 보니 나는 슬슬 지쳐갔다. 남편은 내 눈치만 살피다가 결국 친구에게 "와이프랑 같이 시간 보낼 만한 데 없어?" 하고 물었다.

그러자 그 친구는 "모래가 별 모양이고 산악 오토바이도 타고 말도 탈 수 있는 데가 있는데 거기 가 볼래?" 하고 말했다. 그 말에 나는 잔뜩 들떠서 "오빠, 거기 가자!" 고 했고 남편의 친구는 거기까지 우리를 데려다 주었다.

그곳에서 우리는 오랜만에 둘 만의 시간을 가졌다. 별 모양의 모래가 펼쳐진 해변을 거닐다가 서로 물장구를 치며 놀았다. 해변은 완전히 푸른빛이었는데 물속을 바라보면 밑까지 또렷하게 다 보일 정도로 투명했다. 하늘도 너무나 맑았고 바다는 끝없이 펼쳐져 마치 한 폭의 그림 같았다.

그 곳에는 외국인 관광객들도 많이 와 있었는데 일본 젊은이들이 나를 보더니 "쏘 영, 유 프리티!" 하면서 짧은 영어를 써가며 외쳤다. 신혼부부라고 했더니 남편에게 '럭키 보이'라는 농담까지 건넸다. 왠지 신혼여행이 아니라 데이트를 하러 온 기분이었다.

그 뒤에 선탠도 하고 산악 오토바이와 말을 타면서 반나절을 보냈는데 호텔로 돌아오는 길에서부터 점점 얼굴이 변하기 시작했다. 왠지 얼굴이 간지럽고 따끔하더니 눈이 붓고 얼굴이 빨갛게 부풀어 올랐다. 남편이 그런 내 모습을 보고는 깜짝 놀라서 "누구세요?" 하고 놀렸다.

얼굴이 꽤 심하게 부어서 나머지 일정을 어떻게 해야 할지 걱정이 되었다. 호텔에서 얼음으로 얼굴을 좀 가라앉히고 쉬었더니 다행히 부기가 가라앉았고 밤에는 클럽으로 갔다. 우리는 들어갈 수 없는 복장이었지만 남편 친구의 도움으로 입장할 수 있었다. 안에서는 맥주를 마시며 놀고 있는 사람들을 구경했다. 둘째 날의 일정은 그렇게 끝이 났다.

셋째 날 오후에 남편이 일하기로 되어 있었던 행사가 있었다. 그 행사는 나처럼 신혼여행 온 부부들을 위한 이벤트를 펼치는 행사였다. 나도 어쨌든 남편이 가는 데라서 그 자리에 나가 구경했다. 다른 커플들이 게임을 하면서 분위기를 즐기는 동안 나는 짝 잃은 외톨이처럼 남편이 진행하는 모습을 보면서 혼자 즐겼다. 행사장에서 틀어놓은 음악과 남편의 익살스러운 멘트가 분위기를 한껏 띄웠다. 오기 전에는 남편이 신혼여행까지 가서 일을 한다는 것이 마음에 들지 않았지만 무대에 있는 모습을 보니 왠지 뿌듯했다. 마지막에는 다 같이 림보 게임을 했는데 남편의 친구가 신혼부부들을 제치고 상품을 타 가는 모습에 행사장이 온통 웃음바다가 되었다.

마지막 날, 남편의 친구는 아쉬워서 다음에 꼭 다시 와 주기를 부탁했고 우리는 다시 오겠다고 하고는 공항에서 헤어졌다. 갈 때는 다행히 남편이 내 옆자리에 앉았지만 갈 때와 별다를 게 없었다. 남편은 지쳤는지 앉자마자 곯아떨어졌고 나는 창밖을 바라보며 괌에서 쌓은 추억들을 떠올렸다. 사실 남편이 옆자리에 있든 없든 크게 달라진 것은 없었다. 왜 내가 갈 때 섭섭해서 맥주를 마셨었는지 의아했을 정도였다. 남편이 옆에 있든 말든 내가 홀로 시간을 보내야 하는 점은 변함이 없었다. 다만 괌에서만은 단둘만의 추억을 쌓을 수 있었기에 그것만은 다행스러웠고 또 나름대로 즐거운 기억으로 남았다.

04

화려하지 못한 고백

꽃과 향수를 선물하는 남자
부러움의 눈길과 이상한 별
별을 놓아 주기로 마음먹다
나를 좀 봐 주시겠어요?
난 그냥 나한테 기댈래요
화려한 밤, 더 화려한 여자들

꽃과 향수를 **선물하는 남자**

약혼하기 전에 남편은 여러 곳에 나를 데려가 맛있는 것은 사 주었지만 선물은 한 번도 사 준 적이 없었다. 그러다 딱 한 번 나한테 무언가를 사 준 적이 있는데 바로 목포에 있는 시댁에 인사드리러 갈 때였다.

남편은 목포에 내려갈 날을 앞둔 어느 날 "목포에 내려갈 때 입을 옷 사러 가자." 라고 하더니 백화점에 나를 데리고 갔다. 나는 남자와 함께 다니면서 뭔가를 고르려니 부끄러우면서도 왠지 설렜다. 남편은 옷을 골라주면서 "어, 그거 괜찮다! 너한테 잘 어울리겠다, 입어 봐!" 했고 마침내 어울리는 옷을 골라서 샀다. 그러고 나서 남편은 다시 구두 매장으로 이동했다. "어, 오빠, 구두까지 사 주시려고요?" 하고 남편에게 묻자 "그 옷에 어울리는 구두 하나 사자!" 고 했다. 구두 매장 앞에서 대충 눈으로 훑어보다가 남편에게 말했다.

"오빠 미신이긴 한데, 신발 사 주면 여자가 떠난다고 그러던데요."

"야, 이거는 괜찮은 신발이야."

남편은 말했고 나보다 더 적극적으로 구두를 고르더니 직원에게

"어, 그 구두 괜찮네, 맞는 사이즈로 하나 줘 보세요." 했다. 그러자 직원이 곧 내 치수에 맞는 구두를 가지고 와서 앞에 내밀었다. 내가 그 자리에서 구두를 신어 보자 "옷하고 잘 어울리는 구두네, 그걸로 해!" 하면서 드라마에 나오는 재벌 2세처럼 "계산해 주세요!" 하고 외쳤다. 투피스에 구두가 다였지만 순간 남편이 정말로 재벌인 것처럼 느껴졌고, 내가 마치 신데렐라가 된 것만 같았다.

그러고 나서 며칠 있다가 시댁으로 내려갔다. 가는 내내 투피스에 뭐가 묻는 건 아닌지, 구두가 더럽혀지는 것은 아닌지 무척 신경이 쓰였다. 그 선물에 뭔가 나를 생각하는 마음이 담긴 것 같아서 무척 소중하게 여겨졌다.

약혼하고 나서는 남편이 매번 집에 늦게 들어오고, 또 어떨 때는 아예 안 들어오는 날도 많아지면서 남편이 제 시간에 들어오는 것이야말로 나에게는 큰 선물이 되었다. 하지만 남편은 그런 선물은 별로 주지 못했고, 그 대신 생일이나 기념일이 되면 잊지 않고 꼭 선물을 사 왔다. 향수를 사 올 때도 있었고 꽃을 사올 때도 있었다. 신혼 때는 그런 선물을 받고 나면 기분이 좋았다. 워낙 평소에 나한테 해 준 것이 없다 보니 미안한 마음에 사 오는 것이었지만 그래도 좋았다.

처음 꽃을 받았을 때는 크리스탈 꽃병을 구해서 직접 꽃꽂이를 하기도 했다. 특별한 날이 되면 남편이 사다 준 옷을 입고 시계와 가방을 하고 나가기도 했다. 또 향수도 잊지 않고 꼭 뿌리고 나갔다. 나는 평소에 남편과 아이가 필요한 것은 꼭 샀지만 정작 내 것은 전혀 사지 않았다. 그래서인지 남편은 밖에 있을 때 내가 필요한 것들을 보면 꼭 사서 집으로 가지고 왔다. 가끔 친구들을 만나면 나는 남편이 사다 준 물건들을 보여주며 "이건 남편이 사다 준 거야." 라고 하면서 자랑을 하기도 했다.

남편은 기념일이 아닐 때도 종종 선물을 가지고 왔는데, 주로 팬들이 준 선물이 많았다. 남편은 그런 선물까지도 스스로 골라서 사 온 것처럼 이야기하곤 했었다. 그런데 꽃은 받고서 한참 들고 다녀서인지 시든 것도 있었고, 또 나를 위해서 사온 선물이라고 하는데 남편의 이름이 적혀 있는 선물도 있었다. 그럴 때면 '도대체 나를 뭘로 보고!' 하는 마음도 들었지만 그래도 나쁘지 않았다.

그런데 시간이 지나면서 자꾸만 여자 문제로 내 속을 썩이는데다 나를 속이고 밖으로만 돌기 일쑤다 보니 선물의 의미도 점점 빛이 바래게 되었다. 어떨 때는 도저히 마음이 풀리지 않을 정도로 화가 나 있을 때도 선물을 사 오기도 했는데 반갑기는커녕 오히려 짜증이 나서 아무 데나 선물을 내팽겨치고는 "이런 건 뭐 하러 사 가지고 와요!" 하면서 남편에게 소리치기도 했다.

한창 사이가 나쁠 때는 예쁜 꽃을 사가지고 왔을 때도 다른 여자들에게 받은 것을 가지고 온 것 같아 불쾌했고 "꽃은 어차피 시들어 버릴 건데 뭐 하러 사가지고 와요? 괜히 치우기만 귀찮게……. 다 쓰레기야!" 하고는 아무 데다 꽃을 치워 버렸다. 그렇게 나는 점점 변해가고 있었다.

점점 남편에 대한 신뢰가 떨어지다 보니 웃지 못할 일도 있었다. 한번은 남편이 일을 하다가 들어오면서 향수를 하나 사 왔다. 나는 그 향수를 받았을 때 이미 조금 찝찝했는데 나중에 남편이 나가고 나서 자세히 보니 'toilet'이라고 적혀 있었다. 향수에 대해서 잘 모르던 나는 그 문구가 오로지 화장실을 가리키는 것이라고만 생각하고는 화장실용 향수를 사 왔다며 남편에게 심하게 화를 냈다. 영문을 모르는 남편은 "아, 그 여자 와이프한테 선물할 거라고 좋은 거 달라고 했더니 화장실에 뿌리는 걸 줘? 기다려 봐, 아 짜증 나!" 하면서 부리나케 나갔다. 나는 그런 남편의 행동까지도 모두 쇼라고 생각했다.

밖으로 나간 남편은 얼마 지나지 않아 전화를 걸어왔다.

"매장 여직원 바꿔 줄게, 얘기 들어봐!"

하지만 나는 제대로 듣지도 않고 "넌 도대체 누구야?" 하며 거칠게 따졌다. 그러고는 상대방 얘기도 듣지 않고 전화를 끊어 버렸다.

알고 보니 'toilet'은 화장실이라는 뜻이 아니라 농도를 나타내는 용어 중 하나로 '향이 약해서 여러 번 뿌릴 정도'라는 의미였다. 지금 생각해 보면 그 매장 직원에게 무척 미안할 따름이다. 하지만 워낙 남편이 신뢰를 주지 못하다 보니 자꾸만 남편을 미워하고 오해하게 되었다.

결혼하고 4년 동안은 해외로 여행을 떠났지만 그것도 남편이 매년 신혼부부를 대상으로 행사를 진행했기 때문이었다. 남들한테 매년 여행을 갔다는 이야기를 하면 모두 한 번도 다녀오기 힘든 여행을 그렇게나 여러 번 갔다며 부러워했지만 나는 기쁘지 않았다.

남편은 기껏 떠난 여행에서 "전에 다 구경했었잖아." 하면서 곧바로 당구장으로 향했다. 현지에서 가이드로 일하는 친구와 다른 가이드들과 함께 오후에 모여서 계속 당구만 쳤다. 나는 남편이 없으면 혼자서는 딱히 할 게 없어서 남편이 어서 당구를 끝내기만을 앉아서 기다렸다. 하지만 새벽이 되도록 당구는 끝날 줄을 몰랐다. 우리는 새벽에 호텔로 돌아왔고 다음 날도, 또 그 다음 날도 당구장으로 향했다. 여행 때마다 그런 식이다 보니 나중에는 오히려 여행을 떠나지 않고 집에 있는 것이 더 편하게 느껴졌고 결혼기념일을 핑계로 떠나는 여행도 그만두게 되었다.

사실 연예인의 아내로 살면서 남들이 가 보지 못한 곳에도 많이 가 보았고, 선물도 여러 번 받았지만 지금 특별히 기억에 남는 것은 하나도 없다. 왜냐면 내가 원했던 것은 선물이나 낯설고 신기한 어딘가가 아니라 바로 남편의 애정과 자상함 그리고 평온한 일상이었기 때문이다. 하지만 남편이 내게 준 것들 중에는 그것들만 쏙 빠져 있었다. 나는 결혼한 이후로 비교적 풍족하게 살아왔지만 가슴 속의 허전함은 늘 사라지지 않고 그대로 남아 있었다.

부러움의 눈길과 **이상한 별**

남편의 직업이 연예인이었기 때부터 집에는 남편의 연예인 동료들이 많이 찾아왔다. 처음에 보았을 때는 그저 연예인이라서 낯설고 신기했다. 나는 말을 할 때도 조신하게 하고 행동도 여성스럽게 하려고 노력했다. 하지만 시간이 지나고 편해지고부터는 새벽에 오는 분들에게도 언제든지 야식을 만들어 주었고, 아침까지 이야기를 나누기도 했다. 남편은 집에 오는 동료들과 주로 게임을 했고 그러면서 우리 집은 자연스럽게 남편 동료들의 아지트가 되어 버렸다. 그때는 갈 데가 없어서 온 사람들이었지만 지금은 모두 대한민국을 대표하는 톱스타 반열에 올랐다.

남편은 집에 놀러 오는 동료들에게는 그야말로 동경의 대상이었다. 사람들이 있을 때 남편의 말투는 특히 다정했는데 "과일 좀 가지고 와 봐요." 하거나 "힘들면 내가 할까?" 하면서 평소에 보여주지 않았던 모습을 보여주었다. 그래도 나는 항상 "네." 하면서 남편을 존중해 주고 받들어 주었다. 동료들이 보기에는 너무나 환상적인 부부였을 것이다. 동료들은 "형이랑 형수는 만날 좋아요?" 하면 남편은 "내가 형수한테 얼마나 잘하는데, 나만큼만 잘하라 그래!" 하고 이야기했다. 그때마다 속으론 어이가 없었지만 겉으로는 그렇다는 표정으로 활짝 웃었다.

남편의 동료들은 남편과 내가 얼굴이 닮았다는 이야기도 자주 했다. "얼굴이 닮으면 잘 산다고 하던데, 그래서 두 분이 사이가 좋으신가 봐요." 하는 것이 주된 레퍼토리였다. 나는 남들 앞에서 남편이 밤에 여자 전화를 받고 나간다거나 왕 대접을 받는다는 이야기를 할 수 없어서 그저 웃고 말았다.

약혼하고 얼마 지나지 않았을 때, 나는 남편과 함께 방송 출연도 했다. 그때는 옷에 별로 신경을 쓰지 않았을 때라서 언니의 옷을 빌려 입었고 헤어와 메이크업은 방송국에서 해 주었다. 메이크업을 다 마치고 나가면 방송 관계자들은 남편이 어리고 예쁜 신부와 결혼했다며 추켜세워 주었다. 그러면 남편은 꽤 뿌듯한 목소리로 "그러니까 제가 빨리 채 왔죠!" 하면서 껄껄 웃었다.

그때는 남편이 꽤 인기를 끌었을 때라서 '비밀리에 약혼!' '선남선녀가 만나다!'라는 기사로 스포츠 신문 1면에 나올 정도였다. 우리는 잡지 인터뷰도 여러 번 했었고 방송도 같이 나갔다. 처음으로 나간 프로그램은 '밤과 음악 사이'라는 토크쇼였다. 유명한 미스코리아가 여자 MC를 맡았고, 지금도 왕성하게 활동 중인 방송인이 당시에 남자 MC를 맡고 있었다. 밤 프로인데도 시청률이 꽤 높았다. 우리는 그 프로그램에 나가서 신혼 생활에 대해서 이야기했다. 남편이 잘 안 들어와서 속을 썩인다거나 여자들에게 이상한 전화가 온다는 이야기도 허심탄회하게 했다. 그러는 바람에 우리가 나왔던 편이 많은 인기를 끌기도 했다. 만나는 사람들마다 얘기했을 정도였다.

그 프로그램에 나갔을 때 남편은 기타를 직접 치면서 나에게 나훈아의 '사랑'을 불러 주었다. 노래하면서 내 쪽을 지그시 바라보기도 했는데 순간 눈물이 핑 돌았다. 그때는 꽤 애틋한 마음이 아직 남아 있을 때였다. 남편은 "내가 더 잘해 줄게." 하면서 다정하게 말해 주기도 했는데 나는 속으로 '남편도 내가 힘들어하는 걸 알고 있구나.' 라는 생각에 그동안 내 마음을 모르는 것 같아 섭섭했던 마음이 조금 누그러졌다.

그런데 방송을 마치고 집으로 돌아오면 언제 다정했냐는 듯 원래대로 다시 입에 지퍼를 채우고는 잠들어 버렸다. 나는 그럴 때면 혼란스러웠고 '도대체 이 사람, 어떤 모습이 진짜야?' 하는 생각에 답답했다. 어떨 때는 남편에게 "자기 속마음을 도무지 모르겠어." 하고 말하기도 했다. 그러면 남편은 "내 속마음을 네가 왜 알려고 그래?" 하면서 차갑게 말했다. 매번 그런 식이었지만 그래도 방송 출연은 내게 있어서 큰 즐거움이었다. 보통 방송에 나가면 가식이나 거짓으로 포장하고 다정한 모습만 보여주는 부부들이 많지만 난 모든 질문에 솔직하게 답했다. 그래서인지 방송에만 나갔다 오면 속이 후련했다. 남편과 있었던 일들을 고자질하듯이 모두 솔직하게 꺼내 놓고 나면 꼭 신문고를 울리는 것처럼 통쾌하고 시원했다.

방송에 나가면 남편으로부터 무언가 답을 들을 수 있다는 것이 좋았다. 집에 있을 때는 마치 벽을 두고 말하는 것 같아서 도무지 대화가 통하지 않았는데, 방송에서는 비록 시간제한은 있지만 그 시간만큼은 남편과 즐겁게 보낼 수 있었고 애정도 느낄 수 있었다.

솔직히 남편의 본래 모습보다 방송에서 보여 지는 모습이 더 좋았다. 하지만 남편은 방송이 끝나면 원래의 모습으로 돌아가 버렸다. 방송 출연은 내게 충분히 즐거운 기억으로 남아있지만 아무래도 한계가 있었다. 방송은 방송일 뿐 일상이 될 수 없기에 부부로서 살아가는 힘을 얻기에는 늘 역부족이었다.

별을 놓아 주기로 마음먹다

첫째를 낳고 여러 달 지나서 나는 다시 임신을 했다. 하지만 남편은 여전히 골프를 치러 다니거나 술을 마시러 다니느라 내게는 별 관심이 없었다. 내가 무슨 말을 해도 전혀 들어주지 않았고 속상한 마음을 남편이 애써 풀어주려고 한 적도 없다 보니 괴로움만 더해 갔다. 밥도 잘 넘어가지 않았다. 임신으로 더 예민해지다 보니 갈수록 말라갔고 4개월째에 들어섰는데도 몸무게가 40킬로그램밖에 나가지 않았다.

어느 날은 마트에 갔는데 두유가 마침 세일을 해서 한 박스 가격에 두 박스를 사게 되었다. 큰 애가 두유를 먹기 시작한 때이기도 하고 냉장고에 두고두고 먹으면 괜찮겠다 싶어서 두 박스를 사서 들고 가는데 임신한 몸인데다 병에 담긴 두유라 너무 무거웠다. 결국 두유를 들고 조금 가다 다시 서서 땅에 놓기를 되풀이하는데 갑자기 다리에 뭔가가 흐르는 느낌이 들었다.

놀라서 봤더니 하혈을 하고 있었다. 그 길로 음료는 땅에 두고 아파트 경비실 아저씨에게 "제가 하혈을 하는 것 같아요." 하자 아저씨도 피를 보고서는 깜짝 놀라서 "아이고, 이거 경비실에 놓을 테니까 나중에 가지고 가요. 괜찮겠어요?" 하고 걱정했다. 나는 괜찮다며 부리나케 엘리베이터를 타고 집으로 올라가서 큰 애를 보고 있던 언니를 불렀다. 언니는 아이를 눕혀 놓고 달려 나왔는데 내 모습을 보고는 사색이 되어서 나를 부축했다.

피는 계속 흐르고 빨리 병원으로 가야 했다. 하지만 언니는 운전면허가 없었기 때문에 우선 택시를 잡으러 밖으로 나왔다. 하지만 하혈이 심한 산모를 태워 줄 택시는 없었다. 그러다 한 택시가 섰고 언니가 "세탁비 드릴 테니까 병원 좀 얼른 가 주세요!" 했고 우리는 택시에 황급히 올라타서 병원으로 향했다.

언니는 내가 수술하고 있을 동안 남편에게 전화를 걸었지만 "일이 안 끝나서 늦게 갈 수밖에 없을 거 같아요." 하면서 언니한테 부탁한다고 이야기했다. 회복실에 있는데 밤늦게 남편이 찾아와서는 "내 마음도 아프지만……. 그래도 아이 생각하지 말고, 괜찮으니까 울지 마." 하고 이야기하면서 내 손을 잡아 주었다.

회복실에 있는 동안에는 울고 또 울었고 집에 돌아와서는 거의 아무 말도 하지 않았다. 솔직히 그전에 여러 가지 문제로 남편과 다툼이 잦았기 때문에 왠지 아기가 그 일로 인해서 유산된 것 같아서 더 속상했다. 유산을 하고 난 뒤에도 남편은 가정에 전념할 생각은 하지 않고 계속 밖으로만 바쁘게 돌면서 나를 답답하고 괴롭게 만들었다.

그 후 1년이 지나서 다시 임신을 하게 되었는데, '이번에는 아이를 잃으면 안 되겠다.'라는 생각이 강하게 들었다. 남편에게 집착하다 보면 또다시 괴로워질 수밖에 없었고, 결국에는 남편을 놓아 줘야겠다고 결심했다. 남편이 늦게 들어오든 안 들어오든 전혀 신경을 쓰지 않기로 마음먹었다. 쉽지는 않았지만 그저 '밖에 나가면 남의 남편, 집에 들어오면 내 남편' 이라는 식으로 편하게 생각하기로 했다. 둘째 때는 유난히 입덧도 심했기 때문에 더 예민해졌고 뭘 먹는 것도 너무 힘들어서 남편에게 자연히 신경을 쓰지 않게 되었다. 남편이 어딜 가자고 할 때면 "피곤하니까 다음에……." 하면서 그냥 다음으로 미뤄버렸다. 남편이 집에 들어와도 필요한 대화 외에는 거의 하지 않았다.

임신 내내 남편과는 그렇게 지내다가 마침내 출산을 하게 되었는데 완전히 아이에게 전념해야겠다는 마음이 강하게 들었다. 나는 육아에만 전념했고 남편을 아예 버리기로 결심했다. 나는 남편에게 아무런 신경도 쓰지 않았다. 남편은 어떻게 생각할지 모르지만 나는 남편을 따돌리기 시작했다. 한 공간에 있지만 부부가 아닌 그저 같이 있는 사람처럼 나는 나대로만 생활하려고 노력했다.

하지만 시간이 지나니 그 역시 쉽지가 않았다. 그것은 나 혼자만의 생각일 뿐 남편은 내가 속이 뒤집힐 만한 일을 계속 만들었다. 나는 너무나 외로웠다. 하지만 속해 있는 공간을 당장 벗어날 수도 없다는 현실에 갈수록 우울해졌다. 나는 결국 돌파구를 찾아 헤매기 시작했다.

나를 **좀 봐 주시겠어요?**

나는 정말로 단 한 번이라도 남편과 허심탄회한 대화를 나누고 싶었다. 어느 날 남편이 집에서 TV를 보고 있을 때 나는 그 옆에 슬그머니 앉아서 "나랑 얘기 좀 해." 하고 말했다. 하지만 남편은 시선이 여전히 TV로 향한 채로 "말해!" 하며 성의 없이 대꾸할 뿐이었다. 어쩔 수 없이 그 상태로 "내가 왜 이렇게 살아야 해?" 하면서 도저히 대화를 하려고 하지 않는 남편에게 따졌다. 그러자 남편은 "네가 사는 게 어떤데? 복에 겨운 거지. 네 또래 중에 너처럼 호화롭게 사는 친구들 있어?" 했다. 나는 그 말에 답답해서 방으로 들어가 버렸다. 그 뒤로는 남편과의 진정한 대화에 대한 기대는 아예 접어 버렸고 대신 다른 방식으로 내 마음을 표현하기 시작했다.

남편이 별일도 없이 늦게 들어온 어떤 밤이었다. 첫째는 놀다가 잠들었고, 둘째도 칭얼대다가 잠이 들었다. 나는 소파에 앉아서 남편을 기다렸다. 남편은 피곤한 모습으로 들어와서는 "안 자고 뭐해?" 라고 물었고 나는 아무 대꾸도 없이 애들이 있는 방으로 들어가 버렸다. 그리고 어느 날 남편이 "나 물 좀 갖다 줘." 라고 했을 때 "손 없어? 직접 갖다 먹어." 하고 쌀쌀맞게 말했다.

나는 그렇게 내가 화가 나 있고 기분이 좋지 않다는 것을 그런 식으로 표현을 하기 시작했다. 하지만 남편은 "도대체 사람이 말하면 대꾸를 해야지? 그리고 안현주 많이 컸다. 내가 너무 많이 키워 줬나 봐." 하면서 속상한 내 마음은 모른 채 비아냥거리기만 했다.

남편과는 그렇게 말이 통하지 않았고 답답함만 계속 쌓여가다 보니 밤이 되어도 쉽게 잠이 오지 않았다. 아이들이 곤히 잠들었을 때 어두운 방으로 아주 조금씩 스며드는 달빛을 멍하니 바라볼 때면 마음이 왠지 땅속으로 깊숙이 들어가는 것 같았다. '어떻게 해야 남편이 내 마음을 알아줄까?' 하는 생각으로 우울할 때면 맥주를 사서 한두 캔씩 먹다가 잠이 들었다.

자기 전 마시는 맥주가 어느새 4-5캔으로 늘었을 때, '이렇게라도 표현을 해 봐야겠다.'라는 생각에 맥주 10캔을 꺼내서 그중 6캔은 싱크대에 그냥 부어 버리고 4캔만 따서 마시면서 남편이 들어오기를 기다렸다. 남편은 새벽 3시가 되어서야 들어왔고 식탁에 앉아 있는 내 모습을 보고는 깜짝 놀라더니 큰소리로 외쳤다.

"뭐하는 거야? 무슨 술을 이렇게나 많이 마셨어? 애들도 있는 엄마가 밤늦게 뭐하는 거야?"

"잠이 안 와서 좀 마셨어."

내가 말하자 남편은 황당하다는 목소리로 소리쳤다.

"어떤 애 엄마가 잠 안 온다고 너처럼 술을 마시디? 내가 보기엔 너 알코올 중독 같으니까 내일 병원 가 봐."

그 말에 나는 야속한 눈길로 남편을 바라보았다. 하지만 남편은

"내가 보기엔 너 심각하다!" 하고 말하고는 방 안으로 들어가 버렸다. 나는 눈물이 났고 맥주잔을 그대로 두고 애들 방으로 들어갔다. 사실 나는 힘든 마음을 술로 표현하는 것이고 반항 같은 의미로 술을 마시는 것이었다. 남편이 너무나 원망스러웠다.

그 후로도 나는 시위하듯 식탁 위에 맥주를 늘어놓고 마시는 시늉을 했지만 남편은 내가 왜 술을 마시는지 생각하거나 따뜻하게 감싸주기는커녕 못된 소리를 해대고 "그만 좀 마셔!" 하고 말리기만 했다. 나는 들은 척도 하지 않았고 밖에서 모임이 있을 때 무리하게 과음을 하면서 남편에게 계속 시위를 했다. 하지만 바뀌는 것은 없었다.

어느 날 내가 남편에게 너무 의지해서 살아가고 있다는 생각이 들기 시작했다. 그래서 무언가 작은 것이라도 나 스스로 해봐야겠다고 다짐하게 되었다.

난 그냥 **나한테 기댈래요**

남편은 여전히 밖으로만 돌았고 우리 부부의 삶은 갈수록 건조해지고 있었다. 더 이상 남편에게 기대지 않고 남편 없이 나 혼자서 할 수 있는 무언가를 찾아야겠다는 생각이 자꾸 들었다.

어느 날 큰 아이를 유치원에 보내고 나는 둘째를 돌보면서 TV를 보고 있는데 순직한 소방관들의 미망인들이 나오고 있었다. 남편들이 갑자기 세상을 떠나다 보니 집에서 가사만 돌보던 미망인들은 어떻게 살아야 할지 모르겠다는 표정으로 울고만 있었다. 남편들이 죽고 남은 것은 매달 조금씩 나오는 연금이 다였는데 미망인들이 할 수 있는 일은 아무것도 없었다.

그 사람들을 보고 있는데 꼭 나를 보는 것 같았다. 나는 남편을 버리기로 마음먹었지만 경제적으로는 계속 기대고 있었기에 남편이 사고를 당하거나 이혼해서 남남이 되었을 때 TV에 나오는 미망인들처럼 막막해질 수밖에 없을 것 같았다. 무언가 남편 없이도 나 스스로 할 수 있는 무언가를 찾아야만 했다. 그래서 제일 먼저 생각해 낸 것이 바로 운전면허였다. 며칠 후에 일을 마치고 돌아오는 남편에게 말했다.

"나 운전면허 딸 거야!"

그 말에 남편은 코웃음을 치더니 방에서 옷만 갈아입었다. 내 말을 진지하게 받아들이지 않는 것 같았다.

"운전면허 딸 거라니까!"

"네가 운전면허가 왜 필요한데? 집에 기사도 있고 네가 데려다 달라고 하는 데는 다 데려다 주는데……. 쓸데없는 생각하지 마, 또 누가 너한테 뭐래디?"

남편은 약간 빈정거리는 투로 말했다. 나는 왠지 자존심이 상했다.

"아냐, 그냥 내가 운전면허를 따고 싶어서 그런 거야. 나도 뭔가 할 수 있다는 거 보여주고 싶어."

"그래? 그럼 네가 운전면허를 한 번에 다 붙으면 내가 바로 차 사 준다!"

"어? 약속했다. 꼭 약속 지켜!"

남편이 말했다. 아마 전혀 가망이 없다고 생각한 모양이었다. 나는 어쩐지 더 오기가 생겼다.

"그래, 좋아!"

나는 그렇고 말하고는 다음 날 운전면허를 따기 위해서 춘천으로 향했다. 당시에 서울은 연습장마다 사람이 많이 밀려서 운전면허를 따려면 몇 개월을 기다려야 했다. 하지만 춘천은 그렇지가 않아서 한 달 만에 면허를 딸 수 있었다. 나는 춘천을 오가면서 한 달 동안 필기시험을 치고 주행 연습을 한 끝에 마침내 운전면허를 땄다. 실제로 해 보니 그렇게 어렵지도 않았다. 필기와 실기를 모두 한 번에

붙었다.

남편은 내가 면허를 땄다는 사실을 믿지 않았다가 면허증을 보여주자 한참 바라보더니 내 얼굴을 신기하게 바라보며 말했다.

"어쭈, 안현주 대단해. 할 수 없이 내가 차를 사 줘야 되겠네."

남편은 그렇게 말했지만 바로 차를 사 주지 않아서 나는 남편이 타고 다니는 차들 중 하나를 마음대로 몰고 다녔다. 남편은 초보인 내가 큰 차, 작은 차 가리지 않고 막 끌고 다니자 결국에는 할 수 없이 차를 한 대 뽑아 주었다. 여자 차라고 빨간색 세단을 사서집 앞으로 끌고 왔다. 그때 나는 집에 있었는데 남편은 전화로 "내려와 봐!" 라고 했다. 퉁명스럽게 "왜? 무슨 일인데?" 하고 물었더니 남편은 "일단 빨리 내려와 봐!" 라고만 했다. 내려갔더니 내가 끌고 다닐 차가 그곳에 서 있었다.

그 뒤로 나는 아침에 눈만 뜨면 차를 끌고 밖으로 나와서 서울 곳곳을 누비고 다녔다. 밖으로 자주 나가다 보니 다양한 사람들을 만나게 되었고 이런저런 정보도 얻게 되었다. 그러면서 처음으로 삶의 희열을 느꼈다. 그동안 집에서 갑갑하게 생활할 때보다 한결 후련해진 것 같았다.

하지만 남편은 뭔가 자꾸 불만이 쌓였나 보다. 내가 친구들과의 약속이 늘어나면서 늦는 날이 많아지자 "너 왜 자꾸 늦게 다니니? 누구 만나고 다니는 거야?" 하고 물었다. 그럴 때면 신혼 때부터 허구한 날 늦었던 남편 뒤에 대고 혼자 떠들었던 날들이 떠올라서 나는 아무런 대꾸도 하지 않고 외출 준비에만 열중했다. 그러면서 속으로 혼자 말했다.

‘너 없이도 나갈 데도 많고 할 것도 많아. 너랑 얘기 안 해도 나가서 말 할 친구도 있고…….’

그렇게 생각하고 자신만만하게 밖으로 나가서 나는 남편 대신 나를 이해해 줄 만한 누군가를 찾기 시작했다. 남편을 버렸지만 나는 여전히 누군가와 마음을 나누고 싶은 마음이 절실했다. 나는 여전히 외로웠고 그런 나를 위로해 줄 누군가가 필요했다. 그 누군가는 얼마 지나지 않아 내 앞에 나타났다.

화려한 밤, **더 화려한 여자들**

남편은 연예인 축구단에서 활동하고 있었다. 회원 대부분은 탤런트였는데 주말마다 경기장에 모여서 축구 경기를 펼쳤다. 평소에 남편은 일찍 일어나서 매번 "같이 갈래?" 하고 물었지만 나는 집에 있는 게 편하다고 하고는 한 번도 가지 않았다. 그러다 어느 날 남편과는 관계없이 아이들한테 바람이나 쐬어줄 겸 온 가족이 함께 경기장으로 갔다.

그곳에는 나처럼 연예인의 아내로 살고 있는 여자들과 아직 결혼을 하지 않은 여자 친구들이 와서 응원을 하고 있었다. 나를 보더니 모두들 반갑게 맞아주었고 끝나고 회식 자리에서는 다들 편안하게 분위기를 즐기면서 술을 마셨다. 나도 그 사이에서 이야기하면서 술을 마시고 있는데 남편이 갑자기 눈치를 주면서 말했다.

"그만 좀 마셔, 무슨 여자들이 이렇게 술을 많이 마셔?"

그 말에 다른 여자들까지 술렁거렸고 나는 그러는 남편이 창피해서 오히려 더 마시기 시작했다. 그날은 그렇게 마시고 집으로 들어왔고 이후로 여자들끼리 따로 모임을 만들게 되면서 자연스럽게 어울렸다.

우리는 남편이 일하러 나가고 나면 아이를 학교나 놀이방에 보내 놓고 백화점으로 향했다.

백화점에서 쇼핑을 하기도 하고 어떤 날은 일찍 만나서 브런치를 먹고는 남편들의 이야기를 화제 삼아서 한참 수다를 떨었다. 연예인의 아내들이라서 그런지 하나같이 화려하고 고급스러운 옷을 걸치고 외모도 아름답게 꾸미고 다녔다. 백화점에서 만날 때는 옷이나 가방, 구두, 액세서리 같은 것을 구입하면서 마음을 달랬다. 결혼하고 나서는 거의 집에 있느라 치장에 별 관심이 없었고 명품에 대해서는 거의 몰랐지만 같이 다니면서 자연스럽게 그런 생활에 익숙해져 갔다. 또 걸치고 다니는 것뿐만 아니라 헤어나 네일에도 신경을 써서 숍에도 자주 갔다.

하지만 그렇게 돈을 쓰고 비싼 옷과 소품을 걸쳐도 바쁘고 무관심한 연예인 남편을 둔 여자들의 속상하고 허전한 마음은 달래지지 않았고, 우리는 결국 술을 마시러 다니기 시작했다. 주로 청담동에 있는 고급 주점으로 갔었는데 내부는 심플하면서도 고급스럽게 꾸며져 있었고 연예인들도 간혹 눈에 띄었다. 음악이 계속 흘러나왔기 때문에 우리는 음악에 취하고 또 분위기에 취해서 남편들의 이야기를 안주 삼아 늦게까지 술을 마셨다. 또 외국 풍으로 화려하고 멋스럽게 꾸며진 와인 바로 가서 새벽까지 놀다가 집에 들어가는 날도 많았다.

그럴 때면 아이들은 주로 여동생이 봐 주고 있었는데 남편이 그것을 못마땅하게 생각했다. 내가 취해서 집으로 들어오면 "너 지금 뭐 하는 거야? 정신이 있어 없어? 애들도 있는 엄마가 도대체 왜 그러는 거니? 응?" 하고 따져 물었지만 나는 대꾸하지 않고 방으로 들어가 버렸다.

그런데 방으로 들어오고 나면 무언가 '이건 아닌 거 같다.'라는 생각이 자꾸 들었다. 또 술을 마실 때는 잠시 풀린 듯했던 마음이 집으로 오면 여전히 공허했고 동시에 후회가 밀려왔다. 잠든 아이들의 모습을 보면 마음이 짠했고 엄마 없이 이모랑 시간을 보냈을 아이들 생각에 마음이 아팠다. 술 먹고 들어와서 남편과 다투는 것도 지겨웠다. 더 이상 이런 생활을 지속했다가는 나로 인해서 아이들까지 피해를 볼 것이라는 생각에 괴로웠다.

그러던 어느 날 아이가 열이 나고 잘 먹지를 못하고 토해서 나는 밖으로 나가지 않고 아이를 돌보고 있는데 한밤중에 핸드폰으로 갑자기 전화가 걸려 왔다. 유명한 탤런트 부인이었는데 같이 강남의 술집에 술을 마시러 다니던 멤버 중의 한 명이었다. 전화를 받자 여자는 당장 나오라고 하면서 술에 취한 목소리로 재촉했다.

나는 아이가 아프다며 거절했는데 계속 나오라고 재촉하며 할 말이 있다며 잠시만 보자고 졸랐다. 하는 수없이 지갑만 들고 강남으로 가서 여자가 있는 술집을 찾아갔다. 룸의 문을 열자 넓은 룸 중앙에서 혼자서 처량하게 술을 마시고 있는 모습이 눈에 들어왔다.

반대편 문 쪽 자리에 잡고 앉는데, 술을 마시던 여자는 나를 보더니 왜 이렇게 늦게 왔냐며 이제 가려고 했다며 시비를 걸었다. 횡설수설하면서 계속 따지는데 나도 슬슬 짜증이 났다. 결국 "아이가 아파서 빨리 가야 한다."고 말하는데 갑자기 "내가 여태 기다렸는데 들어간다고?" 하고 여자가 소리치면서 옆에 있는 유리로 된 얼음 통을 나에게 집어 던졌다. 나는 놀라서 순간적으로 오른팔을 들어서 얼음 통을 막았는데, 그러자 오른팔이 힘없이 떨어졌다. 아마 부러진 것 같았다.

오른팔이 움직여지지 않았고 여자는 바로 나에게로 다가와서 뭐라고 따졌다. 둘이서 고성이 오가며 심하게 다투었다. 그 소리에 밖에 있던 웨이터가 들어와서 우리를 뜯어말렸다. 술이 잔뜩 취한 언니는 웨이터 둘이서 밖으로 끌고 나갔고 나는 팔이 움직이지 않았지만 아이 때문에 일단 다시 집으로 왔다.

다음 날 아이는 결국 병원에 입원했다. 아팠던 이유는 장염 때문이었는데 왠지 나 때문에 아이가 아픈 것 같아서 마음이 좋지 않았다. 오른쪽 팔은 다행히 부러지지 않았지만 많이 붓고 멍이 들어서 붕대로 고정한 상태였고 통증이 꽤 심했다. 하지만 아이가 나보다 더 아팠고 아픈 아이를 두고 나갔다는 죄책감 때문에 나는 아프다는 말도 할 수가 없었다.

간밤의 일로 그간 밖으로 돌면서 술과 사람들에게 의지했던 생활에 완전히 신물이 났다. 이래서는 허한 마음이 채워지는 것이 아니라 더 밑바닥으로 추락하게 될 것 같았다. 나는 이 생활을 끝내기로 마음먹었다. 그러기 위해서 일단 캐나다로 떠나기로 결심했다. 다른 여러 나라를 제쳐 두고 캐나다를 택했던 이유는 친한 언니가 먼저 가 있었고 여러 조언을 들을 수 있을 것 같았기 때문이다. 일단은 남편에게 여행 삼아서 다녀오겠다고 했고 남편도 선뜻 보내주었다. 그렇게 아이들을 모두 데리고 2000년 여름, 캐나다로 떠났다.

05

밴쿠버에서 미국으로

밴쿠버에서의 나날
마음껏 요란했던 그녀
나 이제 떠날래!
캘리포니아 코로나의 끌림
아이들의 천국
처음 만난 햇살
가슴에 찾아온 나의 보석

밴쿠버에서의 나날

캐나다로 떠날 때 큰 아이는 8살이었다. 그때가 1999년 6-7월 즈음이었다. 아직 초등학교도 들어가지 않은 어린 아들과 딸이 내 옆에 앉아 있었고 우리는 거의 13시간 가까이를 비행기 안에서 보냈다. 남편도 없고 아는 사람도 거의 없는 곳으로 떠나지만 두렵기보다 홀가분했고 앞날에 대한 기대로 들떠 있었다.

마침내 공항에 도착했을 때는 몸도 찌뿌둥하고 지치기도 해서 살짝 걱정도 됐지만 아는 언니가 마중 나와 있어서 안심이 되었다. 그 언니는 캐나다 현지 어학원에서 일하고 있었다. 언니는 그 자리에서 펄쩍펄쩍 뛰면서 우리를 향해 손을 흔들며 달려왔고 나와 언니는 서로 얼싸안고는 두서없이 안부를 물으면서 공항 밖으로 걸어 나왔다.

나와 아이들은 언니의 차를 타고 언니네 집으로 향했는데 이동하는 동안에도 계속 수다를 떨었다. 언니네 집은 공항에서 20-30분 정도 떨어져 있는 주택이었는데 이층집이었고 언니네 친척들이 사는 집이었다. 나는 그 집에서 이틀 정도를 머물면서 렌트할 아파트를 알아보았는데 웨스트 밴쿠버가 교통이 좋고 아이들을 유치원에 보내기에 적당해서 그곳에서 지내기로 했다.

가구나 생활용품들은 아직 덜 갖춰져 있었지만 아이들은 외국에 우리 집이 생겼다는 기쁨에 껑충껑충 뛰면서 행복해 했다. 그 모습을 보니 나까지 흐뭇했다. 우리는 바로 나와서 근처에 있는 마켓에 가서 필요한 것들을 카트에 가득 담았다. 아이들은 꼭 놀이를 하는 것처럼 서로 신이 나서 "엄마, 이거 안 필요해?", "엄마, 이것도 사자!" 하면서 마켓 안을 분주히 누볐다. 신혼살림을 마련하는 것처럼 설레는 기분으로 그렇게 쇼핑을 마치고는 집으로 와서 살림살이를 정리하는데 아이들이 서로 달려들어 정리를 도와주었다. 새집에서의 첫날은 그렇게 온종일 떠들썩했고 신이 났다.

며칠이 지나 언니와 함께 아이들이 공부할 곳을 알아보니 '프리스쿨(Preschool)'과 '킨더(Kinder)'라는 우리나라의 유치원 개념의 시설이 있어서 아이들이 다닐 수 있도록 했다. 원래 큰 아이는 8살이라서 킨더에 들어갈 수 없었지만 영어를 전혀 하지 못해서 우선 영어도 배울 겸 다니도록 했다. 나는 아이들을 그곳에다 데려다주고 또 끝나면 집에 데리고 왔는데 그러느라 나는 다른 유학생들처럼 하루 종일 영어를 배울 여건이 되지 않았다. 언니는 그런 내 사정을 봐 주어서 다른 수업은 빼고 회화 과정만 들을 수 있도록 도와주었다.

아침에 알람이 울리면 바로 일어나 아이들에게 밥을 해 주고 옷을 입힌 뒤 프리스쿨과 킨더에 데려다 주었다. 그러고 나서 어학원으로 이동했는데 차로 이동하면서 드문드문 숲이 보이고 차창을 내리면 아침 공기가 차 안으로 밀려들었다. 나는 꼭 학생이 된 것처럼 설레고 들떴다.

어학원은 집에서 20분 정도 떨어져 있었는데 다운타운에 위치해 있었다. 내가 듣는 수업은 보통 11시에 있었고 한두 명씩 도착할 때마다 서로 영어로 인사했다. 한국 사람은 나를 포함해서 세 명이었고 그 외에는 터키 사람과 일본 사람이었다. 모두 합해서 6~7명이 수업을 들었는데 우리 모두 영어 실력이 형편없는 '하'급 반이었다. 그런데도 나는 어학원에만 가면 신이 나서 전날 있었던 일들에 대해서 잘 안 되는 영어를 해 가면서 설명했다.

주로 얘기했던 것들은 일상에서 벌어지는 일들, 예를 들어서 주말에 무엇을 했는지와 같은 것들을 설명했는데 그 속에는 콩글리시와 말도 안 되는 문법 그리고 한국말까지 섞여 있었다. 원래 어학원에서는 영어 외에는 다른 언어를 써서 얘기하면 안 된다는 규칙이 있었는데 영어가 워낙 약하다 보니 나도 모르게 그렇게 되고 말았다. 다행히 반 학생들은 그래도 신기하게도 다 알아듣고 웃어댔다.

한번은 돈이 없어서 아이쇼핑만 했다는 얘기를 하려고 "노 머니, 저스트 아이 쇼핑." 이라고 했더니 한국 사람들은 다 알아듣고 고개를 끄덕거리는데 선생님과 다른 친구들은 전혀 알아듣지 못하고 고개만 갸웃거렸다. 결국 손가락 두 개로 눈을 가리켰다가 다시 다른 곳을 짚는 시늉을 하면서 "아이 쇼핑"이라고 여러 번 말했더니 선생님이 알겠다는 표정으로 웃으시면서 "노 아이 쇼핑, 윈도우 쇼핑!" 이라고 말했다.

우리는 모두 배꼽 빠지게 웃었다. 아마 영어가 안 되는데다 어딘가 허당 같았던 모습이 우스워서 그랬던 것 같다. 특히나 터키 아저씨는 그런 나를 귀엽다며 수업에 집중하는 시간보다 나를 바라보는 시간이 더 많았다.

터키 아저씨는 내가 일이 있어서 어학원에 가지 못하자 다음 날 나에게 와서 "왜 어제 안 나왔어?" 하고 묻기도 했다. 내가 아이들 때문이라고 하자 깜짝 놀라는 표정으로 나를 쳐다보더니 "결혼했어?" 라고 물었고 결혼했고 아이가 둘이라고 내가 말하자 "오 마이 갓!" 이라고 외쳤다. 믿기지 않았는지 옆에 있는 한국 사람에게 또다시 묻기도 했다.

그 후에도 터키 아저씨는 변함없이 장난을 치면서 같이 터키에 가자고 농담을 던졌다. 나는 "털 많은 사람은 싫다." 며 거절했는데 그러자 터키 아저씨는 "면도를 해서 온몸의 털을 다 깎겠다!" 고 해서 모두 한바탕 웃었다. 어학원에 있을 때는 늘 그런 농담을 주고받다 보니 대학 생활을 하는 것처럼 편하고 즐거웠다.

어학원에 나가지 않는 날이면 나는 아파트 주변에 있는 노천카페로 향했다. 마침 그 동네의 분위기가 한국의 삼청동처럼 이색 카페들이 즐비한 곳이었기에 내키면 언제든 갈 수 있었다. 그곳에서 젊은 사람들이 커피나 술을 마시면서 여유를 만끽하는 풍경도 자주 볼 수 있었고 오전에는 브런치를 즐기는 사람도 눈에 많이 띄었다.

나는 다양한 인종 속에서 아름다운 거리를 바라보며 커피를 마시는 날이 많았다. 그러고 있으면 내가 언제 한국에서 남편과 다투면서 지냈나 싶었고 시간이 다 멈춰 버린 것 같았다. 한국에서 그렇게 속상해했던 남편의 문제도 쉽게 잊혀서 비로소 살 것 같았다.

아이들을 데리고 자주 공원에 가서 고기를 구워 먹는 날도 많았다. 비가 올 때도 아이들은 우비를 입고 장화를 신고는 신 나게 뛰어놀았다. 밴쿠버에서 페리를 타고 빅토리아로 가기도 했다. 빅토리아에는 뷰차트 가든(Butchart Garden)이라는 곳이 있는데 정원에는 숲이 울창하고 그 안에 아름답게 조성된 정원에는 꽃들이 만발해 있어서 아이들이 뛰면서 보고 즐기기에 좋았다.

캐나다에서 그렇게 두 달을 보냈다. 모든 것이 다 좋긴 한데 섬이라서 그런지 답답함이 물밀듯 밀려왔다. 날씨도 마음에 들지 않았다. 여름에 해가 내리쬐고 있을 때도 갑자기 비가 올 때가 많았다. 들어보니 겨우내 비가 온다고 해서 더 우울했다. 캐나다에 온 지는 얼마 되지 않았고 아이들도 이제 막 적응하기 시작한 시점이지만 내가 답답하고 우울하면 아이들 역시 제대로 키우기가 어려울 것 같았다. 결국 고민 끝에 이곳을 떠나기로 결심했다.

몇 달 지내지 않았지만 그간 정들었던 사람들이 좀 더 머물라며 나를 붙잡았고 아이들도 섭섭해 하는 눈치였다. 하지만 난 아무리 생각해도 캐나다보다는 미국이 더 나을 것 같았다. 우선은 한국으로 돌아가 차근차근 미국으로 떠날 준비를 하기로 했다. 결국 짧은 캐나다 생활을 뒤로하고 한국으로 돌아가는 비행기에 몸을 실었다. 긴 비행에 지쳐갈 때쯤 한국에 도착할 시간이 얼마 남지 않았다는 안내 음성이 들려왔다. 가족들과 지인들을 만나 캐나다에서 산 선물을 나눠 주고, 캐나다 생활에 관해 이야기할 생각을 하니 갑자기 흥분되었다. 또 걱정했던 것보다 내가 아이들을 키우면서 나름대로 밴쿠버에서 잘 적응한 것 같아 뿌듯했다. 비록 지낸 기간은 짧았지만 캐나다에서의 삶은 어딜 가든 잘살 수 있을 것이라는 자신감을 내게 안겨주었다. 이대로 미국으로 떠난다고 해도 별 무리가 없을 것 같았다.

마음껏 **요란했던 그녀**

미국으로 떠나기 전에 나는 연예인 축구단 친목 동호회에서 만난 다른 연예인의 부인들 중에서 특히 교포인 여자 A와 친하게 지냈다. 처음 봤을 때는 아직 유명 탤런트의 부인이 아닌 애인이었는데 얼마 후에 그 탤런트와 결혼하면서 우리 부부와도 자주 어울렸다. 사실 처음에는 교양 있고 고상한 말투만 쓰면서 조심스럽게 행동하는 모습이 나와는 정반대여서 살짝 불편하기도 했는데 어떤 일을 계기로 상당히 친해지게 되었다.

A가 임신 8개월일 때 그녀의 남편이 레스토랑을 오픈하게 되면서 내 남편과 남편의 지인 그리고 나와 내 친구까지 개업식에 같이 가게 되었다. 레스토랑을 개업한 탤런트의 지인들이 모두 레스토랑에 찾아와서 북적북적했고 임신 8개월이었던 A도 늦은 밤까지 일을 도왔다. 나와 다른 탤런트 부인 B는 A가 임신한 몸으로 늦게까지 고생하는 것 같아서 우리가 뒷마무리를 하기로 하고 A는 들어가서 쉬도록 했다.

개업식은 늦은 새벽이 되어서야 마무리 되었는데 나와 B 그리고 늦게까지 레스토랑에 남아있던 연예인들은 내부 정리를 마친 뒤에 모두 밖으로 나와서 기다렸다. 그런데 같이 간 내 친구와 레스토랑의 주인인 탤런트는 나오지 않고 있었다. 우리는 탤런트는 매장을 마저 정리하고 내 친구는 화장실에 갔겠거니 하면서 밖에서 기다리면서 수다를 떨었다. 그런데 내 옆에 있던 B가 갑자기 "언니, 언니 친구랑 안에서 이상한 짓 하는 거 같아!" 했고 나는 놀라서 "무슨 이상한 짓?" 하면서 레스토랑 안으로 뛰어 들어갔다.

헉! 순간 너무 놀라서 말도 나오지 않았다. 그 탤런트는 벌써 바지 허리띠를 풀고 친구와 상상하기도 싫은 이상한 짓을 벌이려고 하고 있었다. 나는 그 탤런트를 잡아끌면서 "지금 뭐하는 짓이에요?!" 했더니 술에 잔뜩 취한 상태로 "제수씨, 사랑하는 우리 와이프 친구 현주 씨, 나를 이해 못 해요? 우리 와이프 임신해서 못하니까 그러는 거 아니에요?" 하면서 고래고래 소리를 질렀다. 마침 남편도 안으로 뛰어 들어와서 "형, 정신 차려!" 하면서 말렸는데도 막무가내로 내 친구에게 달려들려고 했다. 나는 친구에게 "빨리 우리 차에 가서 타고 있어!" 하고 소리쳤다. 그제야 그 친구는 눈치를 보며 슬그머니 밖으로 나갔다. 그러자 그 탤런트는 차까지 뛰어왔고 한참을 실랑이한 끝에 겨우 둘을 떼어놓았다.

그 일이 있은 후 임신 8개월인 A에게 왠지 모르게 미안한 마음이 들어 더 잘해 주게 되었고 우리는 상당히 친해지게 되었다. 연말에는 미국으로 함께 여행을 떠났다. 아이들까지 모두 같이 떠난 여행이었다. 우리는 미국 서부 쪽을 주로 여행했는데 할리우드의 유니버설 스튜디오도 가고 미국 현지에 사는 지인들의 집에 초대받아서 놀기도 했다. 그러다 남편과 지인은 일이 있어서 한국으로 먼저 들어가게 되면서 나는 남편 몰래 집을 보러 다녔다.

나는 A와 함께 집을 보러 다녔는데 그러다 A 언니 집에서 머물기도 했다. 그 여자의 언니가 아이를 봐 주고 저녁때 A와 같이 클럽에 가기도 했다. 클럽에 가면 A는 한국에서 봤던 모습과는 정반대였다. 만취한 채로 낯선 남자들이 앉은 테이블로 가서 남자들과 키스를 하고 춤을 추면서 밤새워 놀았다.

잘 추지는 못하지만 나도 다른 어린 여자들처럼 신 나게 놀면서 자유를 만끽했다. 술도 마시고 음악을 즐기며 춤을 추다 보면 마치 다른 세계에 와 있는 것 같았다. 누군가의 아내로 사느라 누리지 못했던 것들을 해 보면서 쌓였던 스트레스를 모두 풀 수 있었다.

한국에 돌아와서도 한동안 A와 같이 시간을 보냈지만 그때의 모습은 전혀 찾아볼 수가 없었다. 한국에서 A는 마음 내키는 대로 노는 여자가 아니라 고상하고 우아한 한 남자의 부인이었다. A는 한국에서 시어머니를 모시고 살았고 이미지 관리를 하고 있었기 때문에 전혀 그런 모습을 드러내지 않았다.

그러다 내가 미국으로 아예 떠나게 되었을 때 A도 얼마 지나지 않아서 미국으로 왔다. A는 미국 영주권자였는데 일 년에 몇 번씩은 미국으로 들어와야만 했다. 나는 그때마다 공항에 마중을 나갔다. A는 친언니의 집에 형부가 있어서 불편했는지 거의 우리 집에 있는 날이 많았다.

A와 나는 집에서 1시간 반에서 2시간 정도 떨어진 한인 타운이나 노천카페에서 여유로운 시간을 보내기도 하고 비벌리 힐스의 로데오

거리에서 쇼핑을 하기도 하고 호화로운 집들을 구경하기도 했다. 또 A는 미국에 살았었기 때문에 어디로 놀러 가면 좋을지를 잘 알고 있었다. 우리는 할리우드 스타들이 찾는 클럽에 자주 찾아가서 춤을 추고 술을 마셨다. A는 출국 날짜 때문에 늘 마음이 급했기 때문에 그 기간 안에 빨리빨리 놀러 다녀야 했는데 그 바람에 나까지 분주하게 쏘다녔다.

처음에는 나도 그런 생활이 즐거웠는데 시간이 지나면서 왠지 버거워졌다. A는 1년에 2-3번 정도 미국에 들어왔는데 화려한 밤 문화를 즐기다 어떤 남자를 만나서 사귀었다. 남자는 LA 한인 타운에 유명한 술집을 운영하는 사장이었는데 A는 자신이 노처녀고 디자이너라고 속이고 그 남자를 만났다. A는 미국에 들어오면 최소 한 달은 머물었는데 그때마다 같이 다니기가 버거워서 내 차를 빌려주기도 했다. A는 그 차로 남자를 만나러 LA로 갔는데 나는 그동안 내 아이들의 돌보면서 A의 아이까지 함께 돌봐 주었다.

그런 생활을 오랫동안 이어갔던 이유는 A의 남편이 한 행동을 알고 있었고 A가 왠지 안쓰러워 보였기에 그렇게라도 풀길 바랐기 때문이었다. 하지만 미국에서 생활해야 하는 나로서는 매우 난감할 수밖에 없었다.

A가 들어올 때마다 내 일상의 패턴은 망가지기 일쑤였고, 한국에서 화려한 여자들과 어울리면서 방탕한 생활을 했던 것을 되풀이하고 있다는 사실에 가책을 느꼈다. 결국에는 '이러면 안 되겠다.'는 생각이 들었을 때, 마침 아는 탤런트 부인을 통해 A가 나와 같이 미국에서 놀았던 일을 마치 나 혼자 그런 것처럼 떠벌리고 다녔다는 사실

까지 알게 되었다. 황당했지만 따지고 싶지도 않았고 묻고 싶지도 않았다. 그저 자연스럽게 연락을 끊어 버렸다. A가 미국에 들어올 때마다 공항에 배웅 나가던 일도 그만두었다.

미국으로 떠나올 때 나는 남편만 곁에 없으면 금세 마음 편하게 살 수 있을 것이라고 생각했다. 하지만 방탕한 생활을 마감하지 못한 채 몸만 떠나오는 것은 별 의미가 없었다. 한동안 A와 어울리며 한국에서의 생활로 돌아갈 뻔했지만 1년 반 만에 A와의 관계도 정리하면서 비로소 진정한 미국 생활을 시작할 수 있었다.

나 이제 **떠날래!**

미국에서 남편 몰래 집을 구하고 아이들 학교까지 등록한 뒤에 한국으로 돌아왔을 때, 남편에게 그 사실을 말해야 한다는 생각에 마음이 편치 않았다. 그즈음에도 남편과의 사이는 좋지 않았지만 아주 나쁘지도 않을 때였다. 그러니 어떤 핑계를 대서 갑자기 가겠다고 말하기도 어려운 상태였다.

남편과 함께 있을 때는 평소처럼 행동하면서도 속으로는 안절부절못했고 남편의 눈치를 살폈다. 이미 친정 부모님과 언니와 동생 그리고 친구들에게는 말을 다 해 놓은 상태였다. 다들 깜짝 놀랐고 어떻게 남편도 없이 그 많은 일을 혼자 해 버렸는지 의아해했다.

엄마는 "겁도 없이 어떻게 너 혼자 그걸 결정해?" 하면서 꾸지람했다. 내가 그동안 어떻게 살아왔는지 전혀 모른 채 하는 말이었다. 솔직히 그때는 엄마가 그렇게 야속할 수 없었다. 하지만 그 말이 바로 남편이 할 말 같아서 마음이 편치 않았다. 미국으로 떠나야 하는 날이 가까워 오는데도 차마 이야기하지 못했고 시간만 자꾸 흘러갔다. 괜히 남편에게 "과일 깎아줄까?", "오늘 뭐해?" 하고 멋쩍게 말을 붙였다.

그러다 어느 날 남편이 일을 마치고 온 늦은 오후, 남편의 기분이 좋아 보일 때 옆에 슬쩍 앉았다. 남편은 이상한 낌새를 차렸는지 "너 요즘 이상하다. 나한테 무슨 할 말 있어?" 하고 물었다. 나는 이때다 싶어서 "저기, 그런데……. 저기……. 화 안 낼 거지?" 하고 조심스럽게 운을 뗀 뒤 미국에서 벌인 일들을 모두 실토했다.

남편은 내가 말을 끝내기 무섭게 소리를 버럭 질렀다.

"너 지금 미쳤어? 집을 계약하다니!"

그 말에 나는 없었던 걸로 하자고 할까 봐 덜컥 겁이 났지만 일부러 더 당당한 말투로 말했다.

"보증금도 이미 냈고 액수도 커!"

남편은 그 말에 약간 놀라는 듯하다가 단호하게 말했다.

"얼마든 상관없으니까 보증금은 그냥 날려 버려!"

"몇천만 원인데……."

내가 중얼거리자 남편은 한숨을 있는 대로 내쉬었다. 나는 혹시나 그래도 남편이 없던 일로 하자고 할까 봐 집과 주변 환경에 대한 자랑을 두서없이 늘어놓았다. 그러자 남편도 약간은 마음을 돌리는 눈치였다.

"잔금은 언제까지 치러야 하는데?"

남편이 영 내키지 않는 투로 물었다. 나는 '한고비 넘었구나.' 싶었고 "2주 뒤에 ……." 라고 말하고는 남편 입에서 다른 말이 나오지 않도록 뒤에서 다급하게 끌어안으며 "고마워, 내가 잘 할게!" 라고 말했다.

2주 뒤에 미국에 가서 잔금을 치렀고 몇 개월 뒤에 미국으로 완전히 떠나기 위해서 나와 아이들의 짐을 쌌다. 남편은 내가 짐을 싸는 걸 보면서 옆에서 이것저것 물어보았지만 나는 대꾸조차 하지 않았고 친구들과 통화하면서 자랑을 늘어놓았다. 남편은 그런 내 모습을 보면서 한숨을 푹 내쉬었다. 아이들은 들뜬 표정으로 짐을 싸는 내내 "엄마, 이것도 필요해.", "엄마, 이것도 가져갈까?" 하면서 신이 나 있었다.

떠날 즈음에 둘째는 놀이방에 다니고 있을 때라서 좋고 나쁘고를 생각할 겨를도 없이 들떠 있었다. 첫째는 초등학교에 다닐 때라서 친구들에게 전화를 걸어서 "내가 전화할게.", "꼭 연락해 줄게." 하면서 친하게 지냈던 친구와 작별 인사를 하면서 눈물을 흘렸다. 부모님은 남편도 돌보지 않고 외국으로 아이들하고만 떠나는 것에 화도 나셨지만 걱정이 더 크신지 계속 가지 말라고 설득하셨다. 하지만 나는 단호했고 어렸을 때부터 마음먹은 일은 꼭 해야 하는 성격이라는 걸 아셨던 부모님은 전화로 "내 딸이지만 정말 대단한 건지 뭔지 모르겠다." 하시고는 결국 엄마가 미국으로 갈 때 동행해 주시기로 했다.

마침내 미국으로 떠나던 날에는 무려 이민 가방 6개를 들고 공항으로 향했다. 이삿짐을 국제 화물로 부쳐도 된다는 사실조차 모를 때였다. 아이들과 나는 크고 무거운 이민 가방 때문에 흡사 피난민 같았지만 떠난다는 사실 하나 때문에 무척 설렜다. 타지에서 사는 것이 생각만큼 순탄할 리는 없었지만 어딘가로 떠난다는 사실 하나에 마냥 좋았다. 새로운 인생이 펼쳐진다는 생각에 눈물보다는 웃음만 계속 났고 가벼운 마음으로 이민 길에 올랐다.

캘리포니아 **코로나의 끌림**

미국에서 처음으로 정착한 곳은 캘리포니아 리버사이드 코로나였다. LA 한인타운, 얼바인, 플루톤, 가든 글러브처럼 한국 사람들이 많이 살고 학군 좋은 곳도 다 다녀봤지만 아무래도 마음에 차지가 않았다. 그러다 '놀코' 라는 소똥, 말똥 냄새가 나는 지역으로 가게 되었는데 그곳을 지나니 '캘리포니아 코로나'라는 곳이 나왔다. 강원도 중에서도 시골에서 자라서 그런지 그 냄새가 무척 정겹게 느껴졌고 또 동네에 들어섰을 때 양쪽으로 야자수들이 줄지어 있는 풍경은 제주도의 휴양지 못지않았다. 학교와 새집들도 보였는데 주위 풍경과 어우러지는 모습이 무척 아름다웠다.

날씨도 마음에 들었다. 코로나와 그 근방이 모두 사막이라서 건조하고 화씨 110도를 웃돌 정도로 덥지만 그늘진 곳이나 나무 밑으로 가면 바람도 적당히 불어오고 꽤 시원했다. 그런 날씨를 싫어하는 사람들도 많았지만 나는 워낙 더운 날씨를 좋아하고 비도 겨울에만 조금 내리다 보니 비를 싫어하는 나에게 그곳은 낙원이었다.

마침 그곳에는 남편의 지인이 살고 있었는데 나는 그 지인의 안내를 받아서 차를 타고 모델 홈들이 있는 곳으로 향했다. 지금은 건물들도 많이 들어서고 도시화가 되어서 처음 내가 정착했을 때와는 사뭇 다른 풍경이 되었다. 하지만 내가 갔을 때만 하더라도 주변에 집이 막 지어지기 시작할 즈음이었다. 모델 홈 주변은 산으로 둘러싸여 있었고 띄엄띄엄 떨어진 모델 홈은 모두 새 건물로 널찍한 공간을 차지하고 있었다. 또 집마다 모두 잔디가 깔려 있어 자연과 잘 어우러지는 것이 마치 동화 속에 나오는 집 같았다.

나는 다섯 집 중에서 가장 크고 앞뒤 마당이 넓은 집을 택했고 그날 바로 계약했다. 그 정도로 마음에 드는 집이었다. 미국 LAX 공항에서 내려서 차를 타고 집으로 갔을 때 친정 엄마는 차에서 내리자마자 집을 보더니 “내 딸이지만 대단해. 저 배포는 누굴 닮았는지…….” 하면서 깜짝 놀라셨다. 아이들은 집을 보더니 좋아서 까르르 웃으며 2층으로 갔다가 1층으로 내려왔다가 다시 집안 여기저기를 분주하게 뛰어다녔다.

사실 그때는 침대와 식탁조차 없었을 때라서 주문한 가구들이 오기 전까지 돗자리를 펴놓고 밥을 먹어야 했지만 주변 풍경이 너무나 아름다워서 그런지 그조차도 피크닉을 나온 것처럼 한가롭고 마냥 설렜다. 한국의 배송 체계와는 많이 달라서 미국에서는 주문한 가구들이 집에 도착하는 데만 1달이 걸리는데다가 구입한 집 자체가 크다 보니 채워도 채워도 끝이 없었지만 집을 꾸미고 나면 늘 즐거웠다.

1층은 게스트 방과 비즈니스 방이 있었고 2층에는 방이 3개 있었고 별도로 거실이 있었는데 아이들을 학교와 킨더에 보내놓고 한가할 때 집에 필요한 자재들을 취급하는 ‘홈디포(Home Depot)’라는 곳으로 달려가서 페인트를 구입했다. 그러고 나서 집으로 돌아와서 아이들 방의 벽을 칠했다.

페인트 말고도 분위기에도 신경을 썼는데 딸 방은 완전히 핑크색으로, 아들 방은 파란색으로 꾸몄다. 또 내 방도 흰색으로 깨끗하면서도 우아하게 꾸미고 게스트 방은 옅은 노란색으로 꾸며서 안정감을 느낄 수 있도록 했다. 가끔 마켓에서 예쁜 인형이나 독특한 장식품을 볼 때면 사서 집안에 놓아두기도 했다. 뒷마당은 원래 아무것도 없었지만 대추나무와 오렌지 그리고 야자수 같은 과실나무를 심어서 열매가 열리면 따 먹었다. 또 앞마당에 잔디는 늘 사람을 불러서 예쁘게 깎아 단정하고 유지했고, 정원에 있는 나무들도 가지를 쳐 주거나 나뭇잎을 치워주거나 하면서 늘 깨끗하고 예쁘게 관리했다.

수영장을 만들고 싶어서 남편이 아는 사람을 소개받아 대금을 현금으로 치르기도 했는데 황당하게도 땅만 파 놓고 도망을 가 버린 일도 있었다. 결국에는 다시 돈을 주고 수영장을 파야 했는데 새로 설계해서 파야 하다 보니 돈이 이중으로 들어갔다.

여러 우여곡절이 있었지만 그래도 미국 생활은 나름대로 충실히 해 나갔다. 아침에 일어나면 대리석으로 된 아일랜드 작업대가 있는 주방으로 향했다. 아이들을 학교에 보내기 전에는 무조건 밥을 해 주었다. 보통은 된장찌개, 김치찌개 같은 것을 만들었고 감자, 고구마 같은 것을 삶아 주기도 했다. 아이들에게 별식을 만들어 주고 싶을 때나 아는 사람을 초대했을 때는 닭갈비, 불고기, 갈비찜 같은 특식을 준비했다.

차를 끌고 근처에 자주 놀러 가기도 했다. 차로 조금만 이동하면 호

수가 있었고 더 가면 레돈도 비치(Redondo Beach)가 있었는데 그곳에 있는 한국 횟집에서 게나 바닷가재(lobster)를 즐겼다. 밖으로 나오면 펠리컨들이 가까이서 노닐었다. 멕시칸들이 낚시를 즐기는 모습을 지켜보기도 하고 근처에 있는 이색적인 분위기의 상점을 둘러보면서 느긋하게 풍경을 즐겼다. 비치뿐만 아니라 사막을 가로질러 가면 카바존(Cabazon)이라는 서부 최대의 아울렛이 있어서 그 안에서 시간 가는 줄 모르고 쇼핑을 즐기기도 했다.

코로나의 날씨와 주변 환경 모두 마음에 들었다. 한국으로 돌아오기 전까지 무려 11년을 코로나에서 살았다.

아이들의 **천국**

코로나는 LA 교외에 위치해 있는데 내가 살았을 때는 아직 개발이 많이 되지 않아서 자연 그대로의 느낌이 남아 있었다. 근처에는 공원이 있었는데 나무가 울창하고 잔디가 넓게 깔려 있어서 아이들은 그 위를 마음껏 뛰어다니며 놀았다. 농구 코트와 테니스 코트 그리고 야구장이 갖춰져 있어서 아이들이 동네 친구들이나 형, 오빠들과 경기도 하고, 집 수영장 에서 친구들을 불러 같이 물놀이를 하면서 간을 보냈다.

아이들이 다니는 학교는 걸어서 5분 거리에 위치해 있었는데 큰 아이는 초등학교 3학년으로 입학했고 둘째는 프리스쿨에 다녔다. 보통 8시 50분까지 초등학교와 프리스쿨에 데려다 주었는데 초등학교는 운동장이 매우 컸고 건물은 단층으로 지어져 있었다. 건물 모서리에 각이 져 있고 외벽이 밋밋해서 우리나라의 시청이나 동사무소를 연상케 했다. 아이들은 학교에 도착하면 우선 교문 밖에 서 있다가 정해진 시간이 되어 교문이 열리면 일제히 운동장으로 향했다. 운동장에서 조금 놀다가 종이 울리면 반별로 줄을 선 뒤에 선생님을 따라서 교실로 들어갔다. 혹시 선생님이 안 계실 때 아이들끼리 있다가 문제가 생기지 않도록 하기 위해서였다. 일찍 와도 정해진 시간이 되어 교문이 열려야 운동장으로 들어갈 수 있었다.

첫째를 데려다 준 뒤에는 집에 잠깐 있다가 조금 늦게 둘째를 프리스쿨에 데려다 주었다. 프리스쿨 역시 건물은 초등학교 건물처럼 무채색에 단층으로 되어 있어 밋밋해 보였는데 내부는 아이들 눈높이에 맞게 잘 꾸며져 있었다. 아침에 프리스쿨에 가면 우선 자신의 이름이 적힌 사물함에 가방을 넣고 각자의 룸으로 와서 그림도 그리고 장난감을 가지고 놀기도 하고 선생님의 율동을 따라 했다.

나는 창밖 너머로 아이가 노는 모습을 보다가 다시 차로 돌아왔다. 돌아오는 길에는 동네에 있는 마켓에 들러 간단히 장을 보았고 아이가 다니는 학교를 지날 때면 속도를 줄이고 학교 운동장을 바라보곤 했는데 체육 시간이나 점심시간에 아이들이 운동장에 나와서 놀고 있는 모습이 눈에 띄었다. 그럴 때면 혹시나 내 아이가 있는지 지켜보았는데 그 많은 아이들 중에서도 내 아이는 한눈에 알아볼 수 있었다. 주로 벽에 공치기를 하거나 뭔가를 잡으려고 뛰어다니고 있었는데 나는 그 모습을 한참이나 흐뭇하게 바라보다가 집으로 돌아오곤 했다.

첫째는 미국 초등학교에 들어간 이후 갈수록 얼굴이 까매졌는데 물어보니 "엄마, 우리 계속 밖에서 놀아." 했다. 늘 땀범벅이 될 정도로 밖에서 뛰어놀다 보니 얼굴이 까맣게 탄 모양이었다. 그런 아이를 보고 "밖에서 만날 노는데 수업은 하는 거니?" 하고 물으면 아이는 "수업은 하는데 거의 밖에서 놀아." 하고 해맑게 웃었다.

첫째는 중학교 때부터 테니스를 하기 시작해서 고등학교 때는 테니스부 주장을 맡기도 했다. 꾸준히 운동을 했기 때문에 가능한 일이었고, 이 경험은 나중에 대학에 가게 되었을 때도 도움이 되었다. 미국은 운동부에 들어가기 위해서 어느 정도 성적이 받쳐 주어야 하고 또 운동을 잘해야만 대학에 갈 수 있기 때문에 테니스부 주장을 맡았다는 것은 큰 의미가 있었다.

여자아이들에게도 체력은 중요했다. 그래서 남자아이들과 똑같은 조건에서 운동하고 시합을 펼쳤다. 둘째가 초등학교에 다닐 때 100마일 클럽(100 Miles Club)이란 게 있었다. 100마일을 완주하면 성적에 반영될 수 있는 크레딧을 얻을 수 있는 것인데 둘째도 완주해서 목에다 메달을 걸고 온 적이 있었다. 등수에 상관없이 완주만 하면 주는 메달이라서 그런지 나에겐 더 특별했다.

미국에서는 축구, 야구, 농구 같은 일반적인 종목 외에 발리볼이나 럭비, 미식축구 같은 전문적인 종목까지도 학교 수업을 통해 배울 수 있었다. 또 이 수업을 들으면 성적에 반영되어서 크레딧이 쌓였다. 운동 외에도 책 읽는 것을 중시해서 책을 몇 권 이상 읽으면 크레딧이 생겼다. 내 아이들도 영어가 익숙해지면서 많은 크레딧을 쌓을 수 있었다.

학교에는 카운슬러가 상주했는데 아이들이 학교에서 겪은 어려움을 상담해 주었고 룰이 있어서 아이들이 그 안에서 책임감을 기를 수 있도록 지도했다. 선생님들도 권위적이기보다는 부모처럼 자상하게 보살펴 주어서 한국에서 온 우리 아이들이 잘 적응할 수 있도록 돕고 따돌림을 당하지 않도록 감싸 주었다. 특히 첫째가 3학년으로 입학

했을 때 선생님은 지금도 잊을 수 없다.

학교에 한국 아이는 우리 아이밖에 없어서 당황스러웠을 텐데도 먼저 한국말을 공부하고는 수업 때 일부러 한국말을 썼다. 다른 아이들이 우리 아이와 친해지려 하지 않을까 봐 먼저 한국말을 쓰면서 다른 아이들까지 한국말에 익숙해지게끔 해 주었다. 혹여나 아이가 얼굴색도 다르고 언어도 다른 것 때문에 따돌림을 당할까 봐 걱정했던 것이다.

또 그 또래 미국 아이들은 보통 손가락, 발가락으로 세면서 계산을 하는데 우리 아이가 한국에서 배운 대로 암산을 하자 감탄하며 천재라고 추켜세워 주었다. 영어를 못해서 기가 죽어 있었던 아이로서는 그 일로 자신감을 얻을 수 있었다. 나는 그런 선생님이 고마워서 쿠키를 구워서 가져다 드리거나 꽃이나 양초 같은 소소한 선물을 해 드리기도 했다. 그러면 별것 아닌데도 눈물까지 흘리면서 고맙다고 말하는 모습에 내 마음마저 흐뭇해졌다. 간혹 비싼 선물을 하면 "마음만 받겠다."라며 정중하게 거절하는 모습도 매우 인상적이었다. 아이는 낯선 환경 때문에 처음에는 어려움도 많이 겼었지만 그 선생님 덕분에 미국 생활에 곧잘 적응해 나갔다.

한국이 아니다 보니 여러 가지 새로 익혀야 하는 부분이 매우 번거로울 때도 많았지만 그래도 미국에서의 생활은 대체로 만족스러웠다. 다만 내가 보험이 없었기 때문에 아이들이 아플 때 약을 사다 주거나 아니면 큰 맘 먹고 병원에 가서 복잡한 시스템으로 고생해야 하는 점이 힘들긴 했다. 그럴 때면 한국의 의료 시스템이 그리워지기도 했지만 그 외의 시스템이나 환경은 꽤 만족스러웠다.

처음 만난 **햇살**

미국 생활 중에 남편 때문에 한 차례 큰 폭풍을 만난 일이 있었다. 그 폭풍이 지나가고 난 뒤에 나는 처음으로 나 자신에 대해서 진지하게 생각해 보게 되었다. 그전에는 나를 봐주지 않는 남편 때문에 외로움과 괴로움에만 빠져 지냈지만 다시 살아야겠다고 마음먹고 보니 내가 어떤 사람인가에 대해서 근본적으로 생각해 보게 되었다. 그동안 나는 내가 힘든 이유가 외부의 문제 때문이라고만 생각했는데 다시 생각해 보니 수없이 괴로워하면서도 스스로 서지 못한 나에게도 어느 정도 책임이 있었다.

나는 더 이상 남편에게 연연하지 않기로 했다. 여자 문제에 대해서도 더는 묻거나 따지지 않기로 했다. 한국에서 연락이 와도 아이들을 바꿔줬지만 나는 한동안 남편과 통화를 하지 않았다. 또 일주일에 한 번씩 2시간 반이나 떨어진 글렌데일이라는 곳에 있는 교회에 다니면서 지친 마음을 달랬다. 그러던 중에 마침 친언니와 조카들까지 미국으로 왔다. 아이들 교육 때문에 형부는 빼놓고 언니와 아이들만 미국으로 오게 된 것이다.

서울에 와서 결혼하기 전에 같이 살았을 적에도 한 번도 싸운 적이 없었던 언니였다. 언니는 우리 집에서 같이 살았기 때문에 전보다 훨씬 의지가 되었다. 아이들도 둘만 있을 때보다 서로 같이 있으면서 북적대는 것을 보니 훨씬 사람 사는 집 같았다.

언니와 같이 살게 되면서 코로나에 있는 한인 교회에도 열심히 나가게 되었다. 그전에는 사람들에게 치이는 것이 싫어서 교회도 한국 교회는 피해서 다녔지만 아이들 여름 성경 학교 때 한인 교회를 보내게 되면서 언니와 나도 덩달아 열심히 다니게 됐다.

교회에는 내 또래의 젊은 사람들도 꽤 있었다. '여선교회기도모임'에서 성경 공부도 하고 누군가가 기도 제목을 말하면 같이 기도해 주었다. 마음의 문을 완전히 열지는 못한 때라서 기도 제목도 가려서 말하고 형식적인 말만 했지만 그래도 모여서 차분히 기도를 하고 나면 마음이 왠지 편안해지는 것을 느낄 수 있었다.

교회 행사가 있을 때는 모여서 음식도 같이하고 일상에서 필요한 물건들 중에 서로 필요한 것들을 주고받았다. 우리 아이들은 쉴 때도 늘 집에 있거나 근처에 있는 공원에서 노는 것이 전부였는데 교회를 다니면서 다양한 야외 활동도 체험하게 되었고 캠프도 떠났다.

교회에 다니는 다른 사람들을 보면서 결혼 생활은 어떻게 해야 하는지도 많이 느꼈다. 미국에서 내가 본 가족들은 온 가족이 함께 다니는 경우가 많았고 남편들은 매우 가정적이었다. 아내에게도 다정하게 대했고 아이들도 아내와 함께 돌봤다. 저녁 6시나 7시가 되면 남편들은 퇴근해서 집으로 향했다. 위치가 가까운 사람들끼리 모여서 집집마다 다니면서 예배하는 구역 예배 때는 부부들이 손을 잡고 아이들과 함께 예배를 했는데 그 모습이 정말 부러웠다. 나는 남편이 곁에 없었기 때문에 부부끼리 함께하고 서로 감싸 주는 모습을 볼 때면 '나도 아이들이 어렸을 때부터 남편과 신앙생활을 함께했다면 어땠을까?' 하고 생각하곤 했다.

그러던 어느 날, 기도 모임에서 다들 돌아가며 기도 제목을 말하는 시간이 있었다. 나는 장난스럽게 셋째 아이를 가지고 싶다고 말했다. 때마침 곧 한국에 갈 일이 있었기에 혹시나 아이를 가진다면 하나님을 절실하게 믿겠다고 했다. 그 말에 교인들은 모두 웃고는 꼭 기도해 주겠다며 한국에 가서 잘하라고 응원해 주었다. 사실 아이가 생길 것이라고는 전혀 생각지 않았고, 그저 아이들이 너무 금방 커 버려서 아이가 하나 더 있었으면 하는 바람에 별 기대 않고 한 말이었다.

한국으로 떠나기 전 아이들에게 농담 삼아서 "엄마가 너희들 동생을 하나 더 낳으면 어떨 거 같아?" 하고 물었을 때 두 아이는 모두 고개를 내저으며 "NO!" 라고 하면서 강하게 반대했다. 나는 기대도 하지 않았기 때문에 그저 웃고 말았다.

그런데 내 나이 36살에 정말로 기적처럼 셋째를 가지게 되었다.

가슴에 찾아온 **나의 보석**

당시에 나는 임신했을 거라고는 꿈에도 생각지 못했다. 한국에 다녀온 뒤로 속이 좋지 않고 몸도 자주 피곤하고 어지러운 이유는 위암에 걸렸기 때문이라고 생각했다. 친언니에게는 "나 아무래도 죽을 병 걸린 거 같아. 미국에도 보험이 있고 한국에도 보험 많이 들어 놨으니까 나 죽으면 애들 잘 부탁해." 하고 말하기도 했다. 하지만 언니는 웃으면서 "지랄하네, 너 내가 보기에는 임신한 거 같아." 라고 했다. 그 말에 나는 설마하며 마켓에서 테스트기를 사서 검사를 해 보았는데 정말로 임신이었다. 나는 설마 설마 하면서도 너무 기뻐서 언니와 함께 하시엔다에 있는 병원으로 직행했다.

다행히 병원에서도 임신이라고 했는데 갑자기 의사가 "아기집이 동그래야 하는데 찌그러져서 아무래도 아기를 지워야 할 것 같습니다." 라고 했다. 청천벽력 같은 소식에 거의 넋을 놓고 있을 때 간호사가 "다음 주에 오실 때 캐시 500불 가지고 오시고 운전은 할 수 없으니까 보호자랑 같이 오세요." 하면서 너무나 쉽게 이야기했다.

진료를 마치고 계단을 내려오는데 다리가 후들거려서 난간을 잡고 내려왔다. 언니는 나를 부축하면서 "괜찮아, 일주일 뒤에 다른 병원으로 가 보자." 하면서 위로했다. 차를 타고 집으로 돌아온 뒤에는 더 정확한 상태를 알기 위해서 일주일을 더 기다렸다가 다른 병원으로 가기로 했는데 기다리는 그 일주일이 나에게는 10년 같았다. 입술이 부르틀 정도로 매일 걱정에 시달리다 보니 밥도 잘 넘어가지 않았다.

마침 교회에서 친하게 지내던 교인이 "LA 한인 타운에 있는 산부인과인데 의사가 친절하고 잘 보니까 그쪽으로 가 보라." 고 해서 일주일 후에 언니와 나는 그 병원으로 찾아갔다. 또다시 안 좋은 이야기를 들을까 봐 가슴이 조마조마했다. 그런데 진료를 마친 의사는 놀라면서 "아니, 이렇게 건강한 애를 지우라고 했단 말이에요? 같은 의사지만 너무한 거 아니에요?" 라며 분개했다.

나는 근 일주일 동안 식음을 전폐하고 걱정에 시달렸던 것이 화가 나서 "그 의사를 찾아가야겠다." 고 했더니 의사는 나를 다독이고는 "그러지 말고 건강한 아이 낳아서 사진을 한 장 보내줘요. 그게 산모랑 아이한테도 더 좋아요." 하고 웃었다. 그 말에 나는 겨우 마음을 가라앉혔다.

진료를 모두 마치고 나가려고 할 때 의사는 한 번 더 "걱정하지 마세요. 제가 보기엔 아주 건강하니까 아무 걱정하지 말고 마음 편안하게 가지세요." 하고 말해 주었다. 언니와 나는 병원을 나서면서 일주일 전 낙태를 권했던 그 의사를 계속 욕했지만 일단 아이가 건강하다는 사실이 매우 기뻐서 둘이 거의 입이 찢어질 정도로 좋아했다.

병원을 나오자 빌딩과 도로만 보이는데도 모든 세상이 달라 보였다. 집으로 돌아와서는 친정 식구들과 남편 그리고 지인들에게 전부 전화를 걸어서 소식을 알렸다. 친정엄마는 "정말 대단하다. 어떻게 셋째까지 낳을 생각을 하는지……." 하면서 놀라워했다. 남편은 깜짝 놀라면서 "너 괜찮겠냐?" 고 했는데 나는 씩씩하게 "아무렇지도 않은데, 괜찮아." 하고 말했다. 지인들은 다들 "노산이고 외국에서 아이 둘을 키우는 것만 해도 힘든데, 어떻게 하나 더 낳아서 키우려고……. 용기가 대단하다!" 고 했다. 다들 기대 반 우려 반인 것 같았다.

나는 걱정보다는 아이를 어떻게 하면 건강하게 잘 낳아서 기를 수 있을까만 생각했고 임신한 동안에는 오로지 태교에만 전념했다. 그러다 보니 내가 원하는 삶도 태교를 하는 과정에서 자연스럽게 누릴 수 있었다. 좋아하는 음악도 많이 듣고 조금만 피곤해도 자리에 앉아서 충분히 휴식을 취했다. 경치가 아름다운 공원이나 해변에 가면 앉아서 느긋하게 책을 읽기도 하고 눈앞에 펼쳐진 풍경을 조용히 감상하기도 했다. 먹는 것에도 신경을 써서 신선한 채소와 모양이 예쁜 과일들을 자주 챙겨 먹었고 식사도 특별히 가리지 않고 무엇이든 맛있게 먹었다. 아이들은 내 배가 불러가는 것을 신기해하면서 9달 동안 뱃속의 아이와 교감하려고 애썼다. 첫째는 내가 임신한 기간 내내 남편 노릇을 다 해 주었다. 학교 갔다 오면 배에다 대고 "오빠 왔어. 뭐 하고 있어? 엄마랑 놀고 있었어?" 하면서 계속 말을 걸고 때로는 노래도 들려주었다. 둘째는 오빠처럼 살갑게 말을 걸진 않았지만 한 번씩 배를 쓰다듬으며 "엄마, 아기가 발로 차?" 하면서 호기심 가득한 눈으로 묻기도 했다.

사실 처음에는 아이들이 셋째를 낳는 것에 반대도 많이 했지만 그것도 알고 보니 '한 명을 더 낳으면 엄마가 할머니가 된다.'고 믿었기 때문이었다. 시간이 지나면서 내 배가 산처럼 불러 오고 몸도 붓자 첫째는 "엄마가 아프지 말고 건강만 하면 된다." 며 사랑스럽게 말해 주었고 둘째는 "엄마, 동생 낳다가 엄마 잘못되면 어떡해?" 하면서 걱정했다. 그럴 때면 나는 "엄마를 위해서 기도해 줘." 라고 말했고 둘째는 알았다며 고개를 끄덕이고는 정말로 기도를 해 주었다.

아이들의 따뜻한 마음 덕분인지 출산도 순조롭게 이루어졌다. 고생도 거의 하지 않았다. 제왕절개를 했지만 부분 마취를 해서 아이가 나오는 과정을 볼 수 있었다. 출산할 때는 친정 엄마와 남편이 수술실에 들어와 있었다. 의사는 아이가 나오는 과정을 친절하게 생중계해 주었는데 그 덕분에 두려움이 덜해지고 한결 안정되었다. 마침내 아기가 나왔을 때는 입에 있는 이물질을 바로 흡인했는데 순간, 수술실이 떠나가도록 아이 울음소리가 쩌렁쩌렁하게 울려 퍼졌다.

남편은 갓 태어난 아이를 안으면서 "와, 이렇게 예쁠 수가 있어!" 하면서 나에게 아이를 보여주었다. 그 순간 친정 엄마와 나는 동시에 마주 보았다. 나는 엄마에게 "엄마, 얘 왜 이렇게 못생겼어?" 하고는 "손가락, 발가락 다 있지?" 하고 첫째 때처럼 물었다. 엄마는 "다 정상이야! 다 정상이야!" 하고 들뜬 목소리로 외치셨다.

수술실을 나온 뒤에는 아이와 함께 호텔식 병실로 옮겨졌는데 바로 젖을 물려서인지 젓 몸살도 앓지 않았다. 수술 부위의 통증도 거의 없었고 몸 상태도 정상이었기 때문에 예정대로 2박 3일 만에 퇴원했다.

친정 아빠는 미국에서까지 산 바라지를 하게 됐다고 말씀하셨지만 누구보다도 아이를 정성껏 돌봐 주셨고 직접 배냇 목욕까지 시키셨다.

그런 친정 아빠의 사랑 덕분인지 셋째 아이는 아기 때부터 무척 순했고 볼수록 사랑스러워서 무려 25개월 동안이나 모유 수유를 했다. 주위 사람들은 큰 애가 젖을 먹는다며 놀랐지만 나는 모유를 끊는 것이 아쉬워서 주위의 시선 따위는 아랑곳하지 않고 계속 젖을 물렸다.

아이는 오빠 목소리만 들어도 무척 좋아했고 오빠가 놀아 주면 깔깔대면서 자지러지게 웃었다. 울음은 짧아서 길게 보채는 일도 거의 없었다. 나는 두 아이를 일찍 낳아서인지 셋째를 키울 때는 마치 처음 아이를 낳아서 기르는 것 같았다. 또 하루 종일 웃고 시간 가는 줄 모르고 즐겁게 보내다 보니 절로 힐링이 되었다. 온종일 기쁨과 감사함이 넘치다 보니 무려 1년을 하루도 거르지 않고 새벽 기도에 나가기도 했다.

아무런 걱정거리가 없었고 늘 여유가 넘쳤다. 아이들도 풀어 주며 세상을 만끽하도록 해 주었다. 또 조급함이나 걱정도 없어서 그저 사랑으로 아이를 키울 수 있었다. 첫째와 둘째 때는 어리고 마음의 여유가 없어서 아이들을 통제하기에만 급급했고 사랑으로 키운다고는 했지만 막상 돌아보니 그렇지 못했다.

나는 셋째를 키우면서 첫째와 둘째에게 자꾸만 미안해졌다. 어느 날은 첫째에게 "내가 너희를 낳을 때는 너무나 몰랐어, 사랑으로 키우지 못해서 미안해." 하면서 사과한 적도 있었다. 첫째는 괜찮다며 "엄마가 그때 너무 어려서 몰라서 그런 거니까 나는 이해해요." 하고 따뜻하게 말해 주었다. 나는 그 말에 눈물이 핑 돌았고 첫째에게 정말로 고마웠다.

06

솔직하고 뜨거웠던 나날들

모든 것이 끝나 버리다
따뜻했던 날들과 이별하기
별들이 사는 세상은
안현주, 몸짱으로 거듭나다
좀비에서 사람으로
나의 힐링 트레이너

모든 것이 **끝나 버리다**

언니는 나와 산 지 4년 만에 한국으로 돌아가고 바로 여동생이 조카들을 데리고 미국으로 들어왔다. 마침 셋째와 여동생의 둘째 딸이 나이가 같아서 둘이 같이 프리스쿨에 보냈는데 앙증맞은 아이들이 가방을 들고 가는 모습이 아주 사랑스러웠다. 첫째와 둘째는 미국 생활에 어느 정도 익숙해졌고 나도 동생과 함께 신앙생활을 하면서 안정된 삶을 이어가고 있었다. 미국 비자가 만료되기 1년 전부터 남편과 상의를 했는데 남편이 아는 형님의 회사에 투자하는 조건으로 그분이 비자 문제를 해결해 주기로 했다. 그렇게 1년이 지나서 남편은 "일단 한국에 들어오면 형님부터 만나게 해 줄 테니까 걱정하지 마!"라고 큰소리쳤다. 나는 남편이 꽤 당당하게 이야기했기 때문에 의심 없이 셋째를 데리고 한국으로 들어갔다.

그런데 입국한 뒤에 알아보니 아무것도 준비되어 있지 않았다. 남편은 전적으로 그 형님만 믿고 확인도 하지 않았는데 그 형님이라는 사람은 애초에 비자 문제를 해결해 줄 생각이 없었다. 내가 한국으로 들어올 때 비자도 같이 만료되었기 때문에 더 이상 손 쓸 수 없는 상황이 되고 말았고 미국에 두고 온 두 아이도 걱정이 되었다. 이제는 비자도 관광 비자로 3개월만 체류할 수 있었다.

다행히 여동생이 두 아이를 계속 봐 주고 있어서 그나마 조금 위로가 되었지만 나는 아이들이 보고 싶어서 잠도 잘 오지 않았다. 첫째는 어차피 미국에 있는 대학에 가야 했기 때문에 비자 문제를 좀 해결해달라고 했고 둘째는 내가 한국에 있으니 따라서 한국으로 가겠다고 졸랐다. 하지만 둘째는 한국어로 쓰고 읽는 것이 되지 않았기 때문에 나는 "조금만 기다려 줘." 하고 계속 아이를 달랬다.

나는 갑작스레 한국에 머무르게 되어 황당하기도 하고 미국에 두고 온 두 아이 걱정에 잠이 오지 않았다. 또 남편과 한 공간에 있는 것만으로도 숨이 막혔고 그동안 쌓인 앙금 때문인지 남편 얼굴만 봐도 화가 치밀어 올랐다. 셋째와 놀아 주다가도 남편이 집에 들어오면 나는 바로 내 방으로 들어가 버렸다. 집에 머무는 것 자체가 불쾌해서 자꾸 밖으로만 돌았고 잘 마시지 않았던 술도 다시 마시기 시작했다. 어느새 나는 미국으로 떠나기 전 생활로 다시 돌아가고 있었다.

그러다 방송 섭외가 들어왔는데, 남편의 직업이 연예인이고 나도 경제적으로 도움을 줄 필요가 있어서 같이 출연을 하게 되었다. 비자 문제는 여전히 해결이 되지 않은 상태에서 부부 토크쇼에도 나가고 CF도 찍고 다이어트 프로그램에 나가서 몸도 만들다 보니 1년 6개월 정도가 흘러갔다. 하지만 여전히 남편의 얼굴을 보는 일은 괴로웠고 이미 마음은 떠났는데 남들에게 부부처럼 보여야 하는 일이 부담이 되었다. 결국 나는 출연했던 방송들을 모두 정리했고 섭외가 들어와도 모두 거절했다.

그런 와중에 비자 문제를 해결해 주기로 했던 형님이라는 사람은 남편을 꾀어서 제주도에 땅 몇 만 평의 계약금을 내게 해 놓고 정작 자신은 투자하지 않아서 모든 일을 무산시켰다. 결국 남편은 계약금을 다 날리고 말았다.

그 뒤에 양평에도 땅을 산다며 나를 끌고 가서 어떤 여자를 소개해 주었는데 그 여자가 또 다른 여자를 소개시켜 주었다. 알고 보니 그 여자는 완전히 사기꾼이었고 맹지를 구입하도록 꾀고는 분할등기조차 해 주지 않았다. 그 일 때문에 나는 눈만 뜨면 양평으로 달려가 분할등기를 받을 방법을 찾으러 다녔다.

남편과는 계속 갈등만 되풀이하다가 2011년 10월에는 미국 생활을 완전히 접으러 미국으로 가게 되었다. 첫째는 미국에서 대학을 가야 했기에 따로 비자를 신청했다. 둘째를 한국에 있는 국제 학교에 입학시키려면 2주 안에 급하게 한국으로 데리고 나와야 했다. 셋째에게는 다소 버거운 일정이라서 친정에 맡겨놓고 홀로 비행기에 올랐다.

10시간이 넘게 이동했는데 몸은 녹아내릴 듯 피곤한데도 도무지 잠이 오지 않았다. 원래 예민한데다가 처한 상황에 너무 화가 났고 첫째 아이의 비자 문제와 둘째의 국제 학교 입학 문제 그리고 미국에서 한국으로 이삿짐을 부치는 일까지 혼자 알아서 해야 한다는 것이 너무 힘이 들었다. 비행기 안에서도 그 생각으로 머리가 계속 아팠다. 양평 땅 문제도 내가 일을 저질러서 수습하러 다니는 줄 아는 사람이 있어서 더 답답했다. 절로 한숨이 나왔고 그러는 동안 비행기는 공항에 도착해 있었다.

따뜻했던 날들과 **이별하기**

LA 공항에는 여동생과 막내 조카가 마중을 나와 있었다. 조카는 나를 보자마자 달려와서 두 팔 벌려 꼭 안아주었다. 여동생은 "피곤하지 않았어?", "올 때 힘들지 않았어?" 하고 안부를 물었다. 조카는 똘망똘망한 눈으로 나를 바라보더니 셋째 딸의 안부를 물으면서 계속 조잘조잘 떠들었다. 나는 그 모습이 귀여워서 "너 이제 좀 조용히 할래?" 라고 장난스럽게 외쳤다. 갑자기 내가 한국으로 떠나는 바람에 그동안 많이 보고 싶었던 모양이었다. 공항을 나와서 차를 타고 집으로 돌아오는 길에는 LA 한인 타운에 있는 한국 마켓에 들러 먹을 것과 아이들에게 필요한 것들을 구입했다. 마켓을 나온 뒤에는 1시간 반 정도를 차로 더 달려서 코로나로 진입했는데 일단 공기부터 달랐고 익숙한 풍경을 지나칠 때마다 마음이 절로 느긋해졌다.

여동생은 원래 살던 집에서 두 블록 떨어진 곳으로 이사를 가서 나무가 울창하고 알록달록한 꽃들이 핀 한산한 도로를 지나야 했다. 그곳을 지나서 페어웨이(Fairway)라는 길로 들어서자 양쪽으로 파스텔색 이층집들이 보였고 길 끝에서 두 번째에 이사 간 집이 있었다.

차고에 차를 대고 집안으로 들어서자 2층으로 올라가는 계단이 보였고 그 옆을 통과하자 익숙한 가구들이 놓여 있었다. 다이닝 룸을 지나자 햇살이 가득한 거실과 주방이 눈에 들어왔다. 짐을 거실에다 내려놓고는 주방으로 가서 여동생과 식탁에 마주 앉아 그간 쌓인 이야기들을 한꺼번에 풀어내기 시작했다.

피곤하지만 아이들이 학교를 마치고 올 시간까지 집안 여기저기를 둘러보았다. 첫째 아이의 방은 깔끔한데도 문을 열자마자 특유의 홀아비 냄새가 풍겨서 웃음이 났다. 방안으로 들어가서 창문을 활짝 열고 아이 침대에 좀 앉아 있다가 다시 둘째 방으로 향했다.

원래 공부에는 관심이 없어서인지 책상에는 먼지가 쌓여 있었고 발레를 해서 침대 위에는 토슈즈와 발레복이 놓여 있었다. 발레 학원은 집에서 40분에서 1시간 정도 떨어져 있었는데 같이 살 땐 딸을 바래다주고 나면 여동생과 커피를 마시고 수다를 떨면서 기다렸다. 그러고 나서 다시 학원으로 가서 딸이 발레 하는 모습을 구경하곤 했는데 미국 아이들과 같이 연습하는데도 뒤지지 않고 3시간 가까이 연습하는 모습에 깜짝 놀랄 때가 많았다. 자신이 좋아하는 일에는 얼마나 큰 열정을 발휘할 수 있는지 생생하게 느낄 수 있었다. 오랜만에 집에 와서 아이 방 침대에 놓인 토슈즈와 발레복만 보아도 그때의 모습이 눈앞에 선명하게 그려졌다.

둘째 아이의 방을 나온 뒤에는 집안 여기저기와 뒤뜰을 꼼꼼히 둘러보았다. 이사를 하긴 했지만 내가 살던 집에서 쓰던 모든 것들이 남아 있었고 앞으로 또 언제 올지 모른다는 생각에 집안에 있는 가구 하나 물건 하나까지 다 애틋했다.

둘째는 학교를 마치고 오후 4시쯤에 집에 왔다. 문을 열자마자 "엄마–" 하고 외치면서 달려 들어왔다. 자유로운 옷차림에 여전히 생기발랄했다. 한국으로 같이 간다고 미리 말했기 때문에 표정은 완전히 들떠 있었다. 나는 그 모습이 더할 나위 없이 반갑기도 하면서 한편으로는 걱정이 앞섰다. 겉으로 보기에는 씩씩해 보이지만 한없이 여린 것을 알기에 경쟁이 심한 한국에서 잘 적응할 수 있을지가 걱정되었다.

첫째는 대학에 들어가서 기숙사에서 살고 있었기 때문에 다음 날 보러 가기로 했고 저녁에는 우리끼리 둘러앉아 식사했다. 둘째는 엄마와 한국에서 같이 산다는 것이 좋아서 어쩔 줄 몰라 했다. 한국의 국제고와 생활에 대해서 말하자 "엄마, 나 할 수 있어!" 하고 씩씩하게 외쳤다. 나는 그런 둘째를 보면서 "그래도 걱정이야, 네가 한국에서 생활을 안 해 봐서 몰라서 그래. 아무리 국제 학교라고 해도 네가 쫓아가기 어려울 수 있어." 하고 자꾸만 걱정스레 말했다. 하지만 둘째는 마냥 들떠 있었고 내 얘기는 제대로 들리지 않는 것 같았다. 학교에도 이미 일주일 전에 한국에 간다고 말해 놓은 모양이었다.

그날 밤 나는 이런저런 걱정에 잠을 뒤척이다가 늦게야 잠이 들었다. 다음 날은 동네에서 30분 정도 떨어진 첫째가 다니는 학교에 갔다. 학교는 리버사이드 카운티 다운타운에 있었는데 첫째가 지내는 기숙사는 따로 떨어져 있었다. 우리는 기숙사 앞에서 만나서 안으로 같이 들어갔다. 들어가자마자 첫째는 완전히 들떠서 기숙사 건물 안에 여기저기와 친구와 생활하는 방과 룸메이트를 소개시켜 주었다. 그 모습에 나는 아이가 잘 지내는 것 같아 흐뭇하고 아들이 기특했다.

오랜만에 첫째를 만나 맛있는 것을 사 주고 싶은 마음에 학교 앞에 있는 패밀리 레스토랑에 가서 아들이 먹고 싶은 걸 다 주문해서 먹게 해 주었다. 먹으면서 아들은 "동생이 요즘 사춘긴 거 같은데 한국에서 적응을 못 해서 엄마 힘들게 하면 어떡해요? 학교는 졸업할 수 있을지 걱정이에요." 하면서 걱정스러운 얼굴로 말했다. 나는 "나도 좀 걱정이 돼. 그래도 비자 문제도 있고 어쩔 수가 없어. 일단 너 몸 관리 잘해. 건강이 최고야." 하고 다독여 주었다.

식사를 마친 뒤에 아들이 수업이 있다고 해서 데려다 주고 나서 집으로 돌아왔다. 그 뒤로는 아이의 전학 문제를 처리하고 자잘한 이삿짐을 싸고 다른 일들을 처리하다 보니 2주가 훌쩍 흘러갔다. 마지막 주에는 다니던 교회에 가서 작별 인사를 했는데 다들 "가지 말라." 고 붙잡았고 "언제 올 거냐?" 고 물었다. 교인들과 목사님과 사모님까지 아쉬워했다. 나는 "비자 문제가 해결이 되면 꼭 다시 오겠다."고 하고는 아쉬움을 뒤로하고 집으로 돌아왔다.

떠나기 전날에는 동네에서 친했던 동생 집에서 작별 파티를 했다. 다들 딸을 예뻐해 주던 사람들이라 모두 아쉬워했고 파티를 연 집도 온통 울음바다가 되었다. 다음 날 공항으로 갈 때도 다들 마중 나와서 손을 흔들어 주면서 울었고 떠나가는 차 안에서 우리도 계속 울었다. 여동생과 조카와 헤어지면서도 우리는 부둥켜안고 계속 울다가 눈이 퉁퉁 부어서 한국으로 가는 비행기에 올랐다.

11년간의 미국 생활은 그렇게 아쉽고 또 아쉽게 끝이 났다.

별들이 **사는 세상은**

부부 토크쇼 프로그램은 비자 문제로 귀국하고 나서 얼마 지나지 않은 2010년 3월 6일 출연했었다. 오전 11시 반에 녹화가 있었는데 나는 아침부터 분주하게 미용실로 향했다. 남편의 코디가 소개해 준 미용실이었는데 오랜만에 방송용 메이크업과 헤어를 받았고 모두 마친 뒤 집으로 다시 온 뒤에 남편의 차를 타고 등촌동에 있는 방송국으로 향했다.

녹화장은 1층에 있었는데 출연자 중에 예전에 집에 자주 놀러 왔던 남편의 남자 후배들도 몇 명 있어서 오랜만에 서로 반갑게 인사했다. 그런데 연예인들의 부인중에는 아는 척도 하지 않는 사람들이 몇몇 있어서 괜히 심기가 불편했고 더 긴장되었다.

녹화 들어가기 바로 직전에는 스텝들이 마이크를 채워 주고 이름표를 달아 주었다. 그 다음에 각자 정해진 자리에 앉았다. 나는 그동안 남편과 불편했는데도 미국으로 떠나게 된 계기와 신혼 때 얘기를 하면서 자연스럽게 남편 후배들과의 추억까지 모두 털어놓았다. 그러면서 남자 패널들의 과거사까지 자연스럽게 거론하게 되었는데 서로 폭로하는 분위기가 이어지면서 녹화장의 분위기가 후끈 달아올랐다. 귀국 후에 첫 방송이라서 꽤 긴장했는데 의외로 말도 술술 나왔고 편집도 거의 되지 않았다.

주위 반응도 좋았고 자주 출연하게 되면서 자연스럽게 연예인들과 그들의 부인을 접할 기회도 많아졌다. 그러면서 그들이 어떻게 살아가는지도 엿볼 수 있었고 모르고 있었던 속사정까지도 알게 되었다.

어떤 남자 연예인은 유머가 넘치고 성실하게 가정을 이끌어가는 데도 얄미운 말투와 아내가 방송해서 하는 말 때문에 '못된 남편'으로 사람들에게 오해받고 있었다. 하지만 그 연예인은 아내에게 헌신하는 타입이었고 오히려 아내가 정말 나쁜 여자였다. 일단 방송 욕심이 매우 많아서 자기보다 튀는 사람은 뒤에서 무조건 욕하고 비난했다. 방송에 나오기 위해서라면 거짓 사연을 늘어놓는 일도 서슴지 않았다. 또 다른 사람들에게는 남편이 자신을 욕하거나 때렸다고 하는데 실제로는 자기 성질을 못 이겨서 남편이 집에 들어오지도 못하게 하고 자해하고는 남편에게 뒤집어씌운 것이었다. 결혼 생활을 유지하는 이유도 오로지 방송 때문이었다.

연예인 부부들 중에는 무늬만 부부인 사람들이 숱하게 많았는데 여자들의 경우에는 그런 외줄 타기를 하면서 겪는 외로움을 호스트바에서 푸는 일이 종종 있었다. 어떤 여자 연예인은 자주 호스트바에 가서 즐기면서 많은 돈을 쓰는 모양이었다. 아는 사람에게 들어보니 그러면서도 외로운 마음은 달래지지 않았고 오히려 더 심해졌다고 했다.

이미지 때문에 이혼하지 않고 아예 다른 남자와 대놓고 사귀는 경우도 있었는데 외로움은 달래질지 모르지만 가식적인 모습은 보고 있기가 힘들 정도였다. 남편도 알려진 사람이라서 같이 방송에 출연하게 되면 거짓 눈물 연기를 펼치기도 했고 방송할 때는 애써 다정한 분위기를 연출하기도 했다. 남편은 부인이 다른 남자를 만나고 있고 방송에서만 거짓으로 행동하는 것을 뻔히 알면서도 그냥 모르는 척 하고 넘어갔다.

부부인데 양쪽 모두 스폰서를 끼고 있는 경우도 있다. 방송에서는 다정하게 보이지만 실은 서로에게 전혀 터치하지 않고 관심조차 없어 그저 남처럼 대했다. 그런 모습을 보면 왜 결혼을 한 것인지 의문이 들었다. 연예인 부부들이 위태위태하고 삐거덕거리고 속은 곪아 터지면서도 남들에게는 행복한 부부로 보이기 위해서 애쓰는 경우가 많았다.

물론 모든 연예인 부부들이 '쇼윈도 부부'로 불행하게 사는 것은 아니고 부부가 서로를 '왕자'와 '공주'처럼 아껴주면서 뜻을 모아 기부하는 경우도 있다. 또 방송 활동을 하면서 동시에 육아에도 충실한 가장도 많고 큰일은 서로 의논하면서 모든 일을 함께 해나가는 부부들도 많다. '쇼윈도 부부'로 살고 있다고 하더라도 그런 가정을 꿈꾸는 연예인들도 많다. 하지만 나의 경우에는 남편과 사는 것이 모두에게 불행이었기에 남편을 마음속에서 버릴 수밖에 없었다.

결국에는 이민으로 그런 날들을 벗어났지만 그러지도 못하는 많은 사람들이 고통 속에서 살고 있다. 화려한 별과 같이 살다 보면 '보여지는 것'에 연연할 수밖에 없는데 부부가 서로 더 큰 마음으로 서로를 감싸 주지 않으면 결국에는 '쇼윈도 부부'가 되고 만다. 연예인들은 이미지의 타격이 심하기 때문에 더 그럴 수밖에 없다.

부부는 서로 노력하지 않으면 안 된다. 나는 나 혼자서만 노력했고 '쇼윈도 부부'인 다른 부부들 역시도 한쪽만 노력하다가 지쳐 떨어져 나간 경우가 많다. 아내나 남편에게 애정을 가지고 대하고 그것을 표현하는 것이 어렵다면 상대방의 마음을 이해하는 마음을 갖는 것만으로도 충분하다. 상대가 하는 말에 귀 기울이고 어떤 점이 힘들고 어려웠는지 같이 고민해 주는 것만으로도 '쇼윈도 부부'를 벗어나서 '진정으로 행복한 부부'로 거듭날 수 있다. 보통 '쇼윈도 부부' 중 한 명은 상대방만 탓하는 경우가 많지만 그래서는 도저히 해결을 볼 수 없다. 서로 마음을 여는 것이 가장 중요하다고 생각한다.

안현주, **몸짱으로 거듭나다**

한창 방송을 했을 때 가장 기억에 남았던 것은 방송을 통해서 몸만들기에 성공했던 일이었다. 나와 남편이 출연했던 프로그램은 주로 부부 토크쇼였는데 2010년 8월 처음으로 다이어트 프로그램에 출연해 달라는 제의가 들어왔다. 원래는 그즈음에 미국에 있는 아이들을 만나러 가려고 비행기 티켓까지 끊어 놓았는데 이런 기회가 아니면 운동을 영영 안 할 것 같아서 출연하기로 결심했다. 끊어 놓았던 비행기 표는 취소하고 아이들한테는 연말쯤에 간다고 약속했다. 아이들도 엄마가 건강해지는 것이 좋다며 응원해 주었다.

솔직히 처음에는 번거롭고 힘들 것 같아서 거절할까도 했는데 건강을 위한 것이기에 결국 하기로 했다. 10주 동안 몸을 가꾼 뒤에 남편과 아내의 근육량이 얼마나 늘었는지, 살은 얼마나 빠졌는지를 다른 부부들과 겨뤄서 승자를 가리는 식이었다.

나는 처음부터 난관에 부딪쳤다. 다이어트 방송 첫 녹화는 병원에서 이뤄졌는데 가운으로 갈아입고 나서 인바디 측정을 하고 복부를 촬영하고 피를 뽑고 난 후에 마지막에 의사로부터 검사 결과를 들었다. 결과를 들을 때는 담당 트레이너도 뒤에 서서 같이 결과를 들었다. 의사는 어두운 표정으로 나를 보며 말했다.

"안현주 씨는 수저 들 힘도 없는데 그동안 어떻게 사셨어요? 밥 먹을 힘조차 없었을 텐데……."

"왜요?"

나는 당황해서 의사에게 물었다.

"몸에 근육이 제로입니다! 그동안 많이 피곤하기도 하고 허리를 잡아 주는 근육이 아예 없어서 상당히 아팠겠네요."

의사의 말에 나는 "맞아요, 그래서 그랬구나! 그동안 사실 악으로 버텼거든요." 하고 털어놓았다. 그 뒤로도 의사는 내가 70 먹은 할머니 몸이라고 했다. 나는 운동으로 내 몸을 바꿔보겠노라 속으로 다짐하면서 처음 만난 트레이너와 인사를 나눴다.

본격적으로 운동에 돌입하기 전에 의사에게 내 몸 상태를 체크 받았는데 결과는 생각했던 것보다도 더 최악이었다. 일단 몸은 말랐는데 배가 좀 나와서 마른 비만인데다가 평소에 식사도 3끼를 다 챙겨 먹지 않고 운동도 아예 안 하다 보니 근육은 제로였고 몸에 기운이 없어서 계단으로 3층까지 걸어 다니는 것조차 버거웠다.

그 뒤로 체력 테스트를 하게 되었을 때는 트레이너에게 "저, 뭐든지 할 수 있어요!" 라고 자신 있게 외쳤는데, 앉았다 일어나는 스쿼트 동작을 할 때 일어나지 못하고 그냥 주저앉아버렸다. 윗몸 일으키기도 눕기만 하고 일어나질 못했다. 그래도 학창 시절 체력장을 했을 때 선생님이 "이제 시간 다 넘었으니까 내려와도 돼!" 라고 했을 때까지 매달렸던 기억이 있어서 "매달리기는 잘할 수 있습니다!" 라고 씩씩하게 외쳤는데 잡아 주는 사람이 손을 떼자마자 쿵- 하고 바닥에 떨어져 버렸다. 다들 그런 내 모습을 보고 배꼽이 빠지도록 웃었고 그 뒤로는 내가 무슨 말을 해도 믿지를 않았다.

결국 나를 맡기로 한 트레이너는 PD에게 지금 당장은 운동이 어렵고 6주 정도 재활 치료부터 해야 된다고 해서 PD가 다른 트레이너로 교체해 주었다. 바뀐 트레이너는 나의 몸 상태는 전혀 고려하지 않고 하드 트레이닝을 시켰다. 그래도 의욕을 불태우며 몸이 부서져라 운동에 임했는데 표정은 완전히 지쳐있었다. 그 모습을 지켜본 이전 트레이너는 결국 자신이 다시 맡겠다고 했다.

다만 나 같은 경우에는 근육이 하나도 없고 몸무게도 미달이라서 살을 찌우면서 근육을 만들기로 했다. 사실 그것은 그냥 근육을 만드는 것보다 더 힘든 일이었다. 우선 무언가를 먹고 싶지 않아도 먹어야 한다는 것부터가 부담이었다. 사실 나는 어느 순간부턴가 먹는 것에 그다지 신경을 쓰지 않았다. 어릴 때는 동네를 돌아다니면서 아침만 몇 끼를 챙겨 먹었지만 어느 순간부터인가 살기 위해서 하루에 1-2끼를 챙겨 먹는 것이 전부였다. 그러다 보니 결과적으로 걸어 다니기가 힘들 정도로 부실해지고 만 것이다.

나는 트레이너가 짜 준 식단대로 밥 한 공기에 삶은 달걀 4개씩을 먹고 중간에 바나나와 고구마 그리고 또 밥 한 공기를 먹었는데 점심과 저녁까지 해서 거의 4끼를 챙겨 먹었다. 원래는 삶은 달걀이 아니라 닭가슴살을 먹어야 하는데 아무래도 뻑뻑해서 먹기 어려울 거라는 트레이너의 말에 그냥 삶은 달걀만 먹기로 했다. 대신 달걀노른자에 콜레스테롤이 많이 들어 있어 하루에 2개만 노른자까지 먹고 나머지는 흰

자만 먹기로 했다. 처음에는 반찬 없이 달걀만 먹으려고 하니 밍밍해서 도저히 먹기 힘들었지만 일주일이 지나자 아무렇지도 않았다.

2주 후에 트레이너는 나와 남편에게 "힘든 거 안다."며 매주 한 번 점심때 먹고 싶은 것을 먹게 해 줄 테니 먹고 싶은 게 있다면 먹으라고 했다. 나와 남편은 똑같이 라면이 먹고 싶어서 라면 1개에 물을 많이 넣어서 싱겁게 만든 뒤 건강을 생각해서 전복까지 2개를 넣었다. 그런데 막상 기대했던 라면은 끓이자마자 특유의 냄새를 풍겼다. 젓가락은 들었는데 속에서 받지를 않았다. 결국에는 한 숟가락도 먹질 못했다. 남편도 마찬가지여서 전복만 골라 먹었고 라면은 결국 다 버리게 되었다.

어느새 내 몸은 싱거운 맛에 완전히 길들어 있었다. 삶은 달걀을 먹는 것도 완전히 생활화되어서 아침에 일어나자마자 물을 올리고는 계란 12개를 삶았다. 끼니마다 삶은 달걀을 챙겨 먹었는데 어느 날 아침에 삶은 달걀을 먹으려고 봤더니 남편이 내가 삶은 것을 먹고 있었다. 그 모습을 보고 갑자기 화가 치밀어서 "지금 내 달걀 먹는 거야?!" 하고 남편에게 소리를 질렀다. 남편은 어이없다는 얼굴로 "야! 네 달걀 내 달걀이 어딨어? 있으면 먹는 거지."라고 말하고는 언짢았는지 방으로 들어가 버렸다.

나는 "아, 또 달걀 삶아야 되잖아." 하고 중얼거리면서 다시 물을 올리고. 냉장고에서 달걀을 꺼내는데 스스로 생각해도 좀 너무했나 싶었다. 하지만 그런 것조차도 남편과 같이 먹기가 싫을 정도로 남편이 눈엣가시였다. 다이어트 프로그램도 실은 다른 부부가 아닌 남편과 경쟁을 하고 있었던 셈이다.

좀비에서 **사람으로**

몸 상태를 고려하지 않은 지옥의 트레이닝으로 좀비에서 송장이 될 뻔도 했었지만 다행히 원래 트레이너로 바뀌고 나서는 제대로 트레이닝을 받았다. 일요일만 빼고 하루 2-3시간 동안 운동을 했는데 처음 10분은 러닝머신으로 몸을 풀었다. 그러고 나서 상체, 하체, 등, 가슴 부위로 각각 하루씩 나누어서 같은 동작을 일정 횟수만큼 반복했는데 그러면 1세트가 되었다.

처음에는 한 동작 당 2세트씩으로 가볍게 시작했는데도 끝나고 차를 몰아서 집으로 돌아올 때는 온몸이 욱신거렸다. 그래도 기분은 더없이 상쾌했다. 집으로 와서 밥과 달걀을 먹고 자기 전에 보충제를 챙겨 먹고 난 뒤에 자리에 누우면 잠이 절로 왔다. 아침 일찍 일어나서 다시 밥과 계란을 먹고 집안일을 좀 하다가 다시 운동하러 헬스장으로 향했다.

헬스장에는 언제나 딸도 함께 데리고 갔는데 마침 헬스장에 여자 실장이 있어서 딸을 맡아주었다. 딸은 주로 카운터에 앉아 있었는데 컴퓨터 게임에 열중해 있다가 한 번씩 내가 운동하는 쪽으로 와서

"엄마, 힘들어?", "엄마, 잘 해!" 하고 다정하게 말해 주었다. 그 말에 절로 입가에 미소가 지어지고 힘이 솟았는데 혹시나 딸이 다칠까 봐 "위험하니까 저쪽에 가 있어." 하고 말하면 다시 카운터로 달려가서 얌전히 앉아 있었다.

딸이 보고 있으니 어쩐지 더 잘해야 한다는 의무감이 있었는데 마음과 달리 몸은 쉽게 따라주지 않았다. 트레이너가 "엉덩이는 뒤로 쭉 빼고", "가슴은 앞으로 내밀고", "무릎이 더 나오게!" 라고 말하면 처음에는 민망해서 자세를 취하기가 쉽지 않았다. 헬스장의 모든 눈들이 나를 향해 있을 것만 같아서 창피했다.

다행히 시간이 지나고 익숙해지고부터는 그런 창피함이 완전히 사라졌다. 3주로 접어들면서 몸에 변화가 오는 것을 느꼈다. 계단으로는 3층까지 오르기도 버거웠는데 11층을 계단으로 올라도 끄떡없었다. 아침에는 똑바로 일어나기가 힘들어서 몇 번 옆으로 굴러서 침대 가장자리에서 발을 디디고 일어났는데 운동을 하고부터는 자리에서 바로 일어날 수 있었다. 더 이상 환자의 몸이 아니었다.

운동을 안 하면 밥을 안 먹은 것처럼 찝찝하고 허전했다. 그래서 폭우가 쏟아지던 추석에도 헬스장으로 꿋꿋이 향했다. 원래는 연휴라서 헬스장도 문을 닫아야 했는데 나 때문에 트레이너가 미리 이야기해 두어서 추석에도 나와 운동할 수 있었다.

갈 때부터 내리던 장대비는 점점 더 거세지는 듯했다. 운동을 시작할 때도 헬스장으로 물이 조금씩 흘러내리긴 했지만 대수롭지 않게 생각했다. 그런데 마지막 세트를 하려는 순간 갑자기 물이 쏟아져 들어왔다. 나는 놀라서 트레이너에게 "선생님, 물이 넘치는 거 같아요!"

하고 외쳤고 트레이너는 "어, 큰일 났네!" 하면서 경비실로 달려갔다.

곧 경비 아저씨가 와서 상황을 보고는 양수기로 물을 퍼 올리기 시작했다. 다행히 상황이 무사히 해결돼서 나는 다시 집으로 돌아왔다. 밖에는 여전히 폭우가 내리치고 있었다. 사고를 당할 뻔했다는 아찔함보다는 운동을 했다는 것에 그저 뿌듯했다.

그 뒤로 남은 기간에도 충실히 운동해서 근육도 늘리고 복근도 만들면서 무사히 방송을 마칠 수 있었다. 사실 그전에 나는 '살아있는 좀비'라고 불릴 정도로 늘 흐느적흐느적 걸어 다녔고 얼굴에는 핏기가 하나도 없었다. 운동을 하면서 완전히 생기를 되찾았고 새롭게 태어날 수 있었다.

트레이너는 "10주 동안 회원님 몸이 이렇게까지 변할 줄은 몰랐는데, 정말 기적입니다. 우승은 못했지만 제가 가르친 제자들 중에는 회원님이 1등이에요."라고 하며 칭찬을 아끼지 않았다. 나와 남편은 복근 상을 받았는데 상보다 끝까지 최선을 다해서 몸을 변화시켰다는 성취감이 무엇보다도 컸다. 몸을 변화시킬 수 있었던 계기를 만들어 준 것만으로도 충분히 감사했다.

운동하면서 샤워를 마치고 거울에 비친 내 모습을 볼 때면 스스로도 놀라워서 한참을 바라보았다. 배에 생긴 복근이 그저 신기하고 흐뭇했고 보디빌더 같은 포즈를 취하면서 포즈마다 생기는 근육을 감상하기도 했다. 운동의 매력을 알게 되면서 2년 전부터는 복싱장을 직접 운영하게 되었다. 평범하게 살던 주부가 운동으로 새로운 길을 만난 것이다.

나의 **힐링 트레이너**

다이어트 방송을 위해 트레이너와 처음 어색한 인사를 나누었던 기억이 난다. 트레이너는 미남이었지만 얼굴에 수염이 있고 근육질 몸매에 몸집도 커서 고릴라와 마주한 것 같았다. 보는 순간 '난 이제 죽었다!'라는 생각이 문득 들었고 "다음 녹화 때 봐요!" 라고 말하고 트레이너와 헤어지면서도 앞으로 스파르타식 맹훈련을 받을 내 모습이 떠올라 눈앞이 캄캄했다.

그런데 그 트레이너는 외모와는 달리 내 몸 상태에 맞게 차근차근 운동할 수 있도록 도와주었다. 또 딸에게도 늘 상냥한 말투로 "삼촌이 놀아 줄까?" 하고는 아이를 번쩍 안았다 받았다 하면서 놀아 주었다. 딸은 놀이기구를 탄 것처럼 즐거워하면서 "까르륵-" 하고 웃었고 틈만 나면 트레이너 앞으로 가곤 했다. 큰 덩치와는 달리 의외로 아이들의 마음을 알고 잘 놀아 주었다. 나는 그런 트레이너에게 늘 미안하면서도 고마웠다.

남편과 싸웠을 때도 얼굴만 보고는 내 기분이 어떤지를 다 알아차렸다. 좋지 않은 기분을 감추고 그냥 웃고 있을 때도 먼저 와서 무슨 일이 있는지 물어보고 내가 하는 이야기를 다 들어주었기 때문에 속상한 기분을 풀고 운동을 시작할 수 있었다. “운동할 때는 다 잊으세요.”라는 말도 운동하기 전에 트레이너가 자주 했던 말이었다. 덕분에 운동하는 순간만큼은 모든 고민이나 걱정들을 다 내려놓을 수 있었다.

운동으로 스트레스를 풀면서 정서적으로도 한결 안정을 되찾고 몸도 어느 정도 만들어지고 나서는 그간 어떻게 운동을 했는지 책으로 남겨야겠다는 생각이 들었다. 또 전문적인 지식을 담아 좀 더 쉽게 알려 주려면 전문가의 도움이 꼭 필요했기 때문에 트레이너에게 같이 책을 내 보지 않겠느냐고 물어보았다. 트레이너는 “회원님과 같이 책 내면 저도 정말 좋죠!” 하고 흔쾌히 허락해 주었다. 그 말에 나는 용기를 얻어 출판사를 알아보았고 국내에서 손꼽히는 출판사에서 내 책을 내주겠다고 했을 때는 그 기쁨이 이루 말할 수 없었다.

그런데 솔직히 다이어트 책은 두 번 다시는 내고 싶지 않다는 생각이 들 정도로 그 과정이 매우 고됐다. 헬스와 관련된 책이다 보니 각 운동마다 사진이 들어가야 하는데 포즈마다 스톱하고 찍고 또 스톱하고 찍고를 되풀이해야 했다. 게다가 힘든 포즈를 취하면서도 표정은 밝게 유지하는 것이 쉽지 않았다. 포즈나 표정이 잘 안 잡히면 좋은 표정이 나올 때까지 똑같은 포즈를 반복해야 했는데 이것 역시 고역이었다.

아침부터 밥도 못 먹고 하루 종일 그러고 있으면 진이 다 빠지는데도 트레이너가 옆에서 지켜보면서 기구를 잡아주기도 하고 포즈를 어떻게 잡아야 할지 계속 옆에서 알려 주어서 그래도 무사히 사진 촬

영을 마무리할 수 있었다.

그 후 6개월쯤 지나서 시중에 책이 나왔는데 서점에 내 책이 나와 있다는 것이 꿈만 같았다. 지인들에게 선물하려고 내가 쓴 책을 사서 계산하려고 할 때 서점 직원이 내 사진을 가리키면서 "이분이시네요."라고 했을 때는 살짝 창피하기도 했다. 하지만 덧붙여서 "이 책 참 잘 나가요."라고 말해 줄 때는 내심 뿌듯했다.

처음에 좋은 트레이너를 만난 것이 나에게는 여러 모로 행운이었다. 만일 내게 딱 맞는 트레이닝 방법으로 이끌어 준 트레이너가 없었더라면 계속 좀비 상태로 힘없이 살았을 것이고 사람으로 거듭날 수 없었을 것이다. 운동만이 아니라 정서적으로도 멘토 역할을 해 준 트레이너 덕분에 나는 새로운 삶을 얻을 수 있었다. 비록 방송으로 만났지만 건강한 몸을 만들어 주기 위해서 최선을 다해 준 트레이너에게 지금도 무척 감사하다.

07

착한 여자가 될 수 없는 이유

별을 떠나버린 이유
눈 오던 날, 끓어오르다!
바람이 불어올 때
씁쓸함만 남기고 간 바람
크리스마스이브의 불편한 만남

별을 떠나 버린 이유

운동으로 완전히 생기를 되찾고 나서 1:1로 운동을 가르치는 PT(Personal Training) 숍을 운영한 적이 있었다. 남편에게는 개인적으로 비즈니스를 하고 싶다고 해서 운영하게 된 것인데 실은 남편과 같은 공간에 있는 것이 갑갑해서 나름대로 찾은 방편이었다. 일을 핑계로 며칠 동안 집에 들어가지 않는 날도 많았다. 솔직히 남편과는 마주하고 있는 것조차 싫을 때라서 방송에도 더 이상 나가지 않으려고 했는데 한 번만 나가자고 남편이 설득하는 바람에 마지막이라고 생각하고 나가게 되었다.

집으로 촬영 팀이 찾아왔는데 친하게 지내던 다른 연예인 부부가 있는데도 나와 남편이 심하게 다투는 모습이 그대로 방송에 나갔다. 어느 정도 편집은 됐지만 나는 굳이 그런 모습까지 보여주면서 방송에 나가고 싶지가 않았다. 이후로는 남편과 같이 나가는 프로그램은 섭외가 와도 나가지 않았다.

서로 방송하면서 쌓인 화를 폭발시킨 탓인지 방송 이후로 사이도 더 나빠졌고 남편이 무슨 말을 해도 아예 대꾸조차 하지 않았다. 미국에서 나와 살 때만 하더라도 밝고 자기표현도 잘했던 셋째가 엄마 아빠가 계속 싸우는 모습을 본 뒤로는 자꾸만 눈치를 살폈다. 나는 그런 셋째에게 자꾸만 미안해졌다. 의미 없이 다투기만 하는 남편과의 관계를 그만 정리해야겠다는 생각이 들었다.

어느 날 춘천에서 아이를 데려와서 집에서 재우게 되었을 때 나는 남편과 차로 가서 대화를 했다.

"도저히 이렇게는 살 수 없으니까 그만 이혼하자."

나는 나름대로 차분하게 관계를 정리하자고 이야기를 꺼냈는데 남편은 다짜고짜 흥분해서 고래고래 소리를 질렀다. 싸우려고 하는 게 아니라 진지하게 둘이서 이야기를 하려는 것이었는데 대책 없이 소리만 지르는 남편이 답답했다. 그래도 나는 일단 남편을 타이르면서 계속 이야기를 했고 남편도 간신히 감정을 억누르며 말했다.

남편은 "일단 둘째까지 한국으로 데려오고 미국 생활을 완전히 접는 조건으로 이혼하고 아이들과 학교 근처에 집을 구해서 따로 나와서 살 수 있도록 해 주겠다."고 약속했다. 또 집을 못 구할 때는 지금 살고 있는 집에서 자신이 나가고 집을 구할 때까지 나와 아이들끼리 살게 해 주겠다고 했다.

그런데 둘째를 미국에서 데리고 나오고 나서 몇 개월이 지나도 남편은 약속을 지키지 않았다. 집을 나가기는커녕 돈이 없다는 핑계만 댔다. 마침 미국에서 이삿짐이 오게 돼서 나는 2012년 1월 중순에 남편에게는 이사 가는 날짜도 어디로 가는지도 말하지 않고 따로 집을 얻어서 아이들을 데리고 남편 집을 나와 버렸다.

눈 오던 날, **끓어오르다!**

남편과 살던 아파트를 나올 때 나는 옷가지와 당장 필요한 것들만 넣은 캐리어를 끌고 아이 둘과 함께 나왔다. 셋이 밖으로 나와 문을 닫았을 때는 다시는 이 집에 올 일이 없을 거란 생각에 속이 다 시원했다. 1년 가까이 남편과 지내면서 나를 답답하게 만들었던 일들이 공중으로 모두 날아가 버리는 것 같았다.

새집으로 들어오고 나서 이틀 뒤에 이삿짐이 도착했다. 나는 아저씨들이 어디에다가 가구들을 배치할지 지시해 주었다. 둘째도 자신이 원하는 데가 어딘지 나에게 쫑알거렸다. 다음 날에는 남편이 두 아이를 목포에 데려가기로 했다. 설 연휴라서 시댁에 데리고 가려는 것이었는데 나는 아이들이 없을 때 혼자서 짐 정리를 빨리 끝낼 수 있겠다는 생각에 다행이다 싶었다. 남편은 내 집에 들어올 수 없으니 아파트 밖에서 기다리고 아이들은 갈 채비를 했다. 거실에서 들뜬 표정으로 양말을 신고 있던 셋째가 느닷없이 나를 보고 말했다.

"엄마, 이제 힘들어하지 마. 내가 아빠 만나고 엄마는 이제 아빠 안 만나도 되니까 우리 이제 행복하게 살자. 알았지?"

그 말에 갑자기 울컥해서 눈물이 날 것 같았다. 한국에 온 뒤로 남편과 지내면서 늘 우울한 표정을 지었고 아이 앞에서 자주 다투다 보니 그런 엄마의 모습을 보면서 많이 안쓰러웠던 모양이었다. 나는 순간 아이에게 뭐라고 말을 해야 할지 잘 떠오르지 않았다. 아이 앞에서 울 수는 없어서 간신히 미소를 지으며 몇 마디를 겨우 내뱉었다.

"알았어, 우리 앞으로 재미나게 살자!"

그 말에 셋째는 씩씩하게 "응!" 하고 대답했다. 두 아이가 준비를 모두 마친 뒤 집을 나서서 엘리베이터를 타고 내려가고 나는 집으로 다시 들어오는데 '아이들 오기 전에 빨리 먼지도 털어내고 짐들도 다 정리해야겠다.'는 생각에 마음이 바빴다. 아저씨들을 쫓아다니면서 짐을 어디에 배치할지 이야기를 하고 나는 작은 짐들을 정리하다 보니 시간 가는 줄을 몰랐다. 짐들을 얼추 다 정리하고 나자 연휴도 거의 끝이 나 있었다. 둘째는 목포에서 몇 시에 기차를 타서 몇 시에 서울에 도착하는지 문자를 보내주었는데 봤더니 도착하는 시간이 한참 새벽이었다. 다음 날 아이가 학교에 가야 하는데도 밤늦게 기차를 탄 남편에게 화가 나서 전화를 걸었다. 남편은 전화를 받더니 변명만 해댔는데 나는 그것조차 듣기가 싫었다. 또다시 싸우기 싫어서 대충 통화하고 전화를 끊으면서도 기차 시간 하나도 자기 편한 대로만 생각하는 남편에게 짜증이 났다.

아이들이 기차를 타고 얼마 뒤에 서울에는 눈이 펑펑 내리기 시작했다. 나는 아이들을 못 데리러 갈까 봐 초조하게 밖을 내다보면서 사람들에게 전화하기 시작했다. 내 차로 운전해도 되는지 알 수 없어서 지인들에게 전화를 걸어서 물어보았는데 다들 걱정하며 조심하라고 했는데 그 말에 늦게 서야 기차를 탄 남편에게 더 짜증이 났다.

그러다 둘째가 전화와서 곧 도착한다며 조심히 오라고 했다. 나는 키를 들고 서둘러 집을 나섰다. 서울역으로 가는데 차들은 별로 없었지만 눈이 워낙 많이 와서 거의 기어가다시피 운전을 했다. 다행히 아이들이 모두 무사히 도착했고 셋째는 잠이 들어서 남편이 안고 있었다. 남편은 아이를 뒷좌석에 태웠는데 순간 그 모습이 안쓰러워 보였다. 밉기는 하지만 어쨌든 아이들의 아빠인데 쓸쓸히 택시를 타고 가겠다고 하니 마음이 좋지 않았다. 결국 나는 "눈도 많이 오니 집까지 데려다 주겠다."고 했다.

남편은 "택시 타고 갈게" 했지만 나는 태워다 주겠다고 다시 말했고 남편은 망설이다가 내 차에 올랐다. 남편 집으로 가는 동안 아이들은 뒤에서 자고 남편과 나는 아무런 말도 하지 않았다. 마침내 남편 집에 도착했을 때는 남편은 수고했다며 조심해서 들어가라고 했고 나도 들어가라고 짧게 이야기하고는 다시 차를 몰아서 내 집으로 향했다. 마치 카풀을 했다가 한 사람 내려 주고 갈 길 가는 모양새 같았다. 순간 '쿨 하다'는 것이 이런 것인가 싶었다. 하지만 백미러를 통해서 뒷좌석에서 쓰러져 자고 있는 아이들을 보니 다시 화가 치밀었다.

집에 오니 이미 아침에 가까워져 있었고 아이들은 피곤해서 둘 다 침대에서 곤히 잠들어 있었다. 나는 아이들이 다니는 학교에 전화를 걸어서 학교에 못 간다고 이야기를 했다. 새벽녘에 들어와서 잠든 아이들을 보니 다시 한 번 남편이 얼마나 이해할 수 없는 사람인가를 느낄 수 있었다. 학교는 둘째 치고 늦을 거라면 아이들이 힘들지 않게 다음 날 올 수도 있는데 그렇게 하지 않은 남편이 불만스러웠다.

이런 사소한 부분조차 맞지 않는 남편과 그동안 어떻게 살았을까 싶은 생각이 들었다.

비록 남편과 살 때처럼 넉넉하지는 않더라도 남편과 부딪치지 않고 아이들과 마음을 맞춰 살아갈 수 있다는 것이 다행스러웠다. 화를 낼 일도 거의 없어서 내 얼굴도 다시 밝아졌고 여유도 되찾아서 아이들과 전처럼 다시 웃으며 지낼 수 있었다. 여행도 자주 다니다 보니 한국으로 돌아오기 전의 생활로 다시 돌아가는 것 같았다. 이대로 계속 지낼 수 있다면 더 바랄 게 없을 것 같았다.

둘째는 미국에서부터 우려했던 대로 학교생활에 잘 적응하지 못했다. 발레는 좋아했지만 공부에는 그다지 취미가 없었고 한글을 떼기 전부터 외국에서 생활해서인지 한국말로 읽고 쓰는 것이 서툴러서 학교 성적도 좋지 못했다.

아이가 다니는 학교에 가서 면담했을 때, 선생님은 한숨을 쉬시더니 "아이가 성적이 나빠서 어머님께서 신경 좀 써 주셔야 할 것 같습니다." 하고 말했다. 하지만 나는 그게 왜 문제인지 이해할 수 없었다. 오히려 선생님에게 "우리 아이는 원래 공부에 별 취미가 없어요. 저는 그냥 아이가 아주 뒤처지지만 않으면 자기 하고 싶은 거 하면서 사는 게 더 좋다고 생각해요. 잠을 못 잘 정도로 숙제에 시달리는 것도 원치 않고요. 일단은 어느 정도는 하게끔 제가 신경을 쓸게요." 하고 말하고는 학교를 나왔다. 이것도 결국엔 비자 문제로 갑자기 한국에 왔기 때문이라는 생각에 가슴이 쓰리고 아팠다.

아이는 학교는 계속 다녔지만 공부에 그다지 정을 붙이지 못했고 대신 가수가 되고 싶다고 했다. 발레는 일단 접어두기로 했다. 나는

‘괜히 이리저리 방황만 하다가 끝나는 것이 아닌가.’ 하고 걱정도 됐지만 아이가 간절히 원하기에 결국 밀어주기로 결심했다. 아는 지인들을 통해 보컬 아카데미를 수소문해서 여러 차례 면담을 한 후 기초를 닦을 수 있는 아카데미에 아이를 보내기로 했다. 그런데 난데없이 남편에게서 연락이 왔다. 남편은 자기 후배가 운영하는 연기 학원이 있으니 그리로 보내자고 했다. 밑도 끝도 없는 확신에 찬 말투가 아마도 후배에게 이미 보내겠다고 다 얘기한 듯했다. 자기 자존심이 구겨질까 봐 다급하게 서두르는 게 뻔했다.

남편이 그런 식으로 서둘러서 잘된 일이 별로 없었기에 남편의 후배를 만나지 않았다. 남편과 엮이고 싶지 않았고, 남편이 연결해 주는 뭔가와 연관되기는 더더욱 싫었다. 내가 자신의 말을 계속 무시하자 남편은 불같이 화를 내며 “왜 안 만나냐?” 고 했다. 나는 아이 문제에 관해서는 독단적으로 결정할 수가 없어서 결국 후배를 만나기로 했다.

두 아이와 지인까지 데리고 간 자리에서 후배라는 사람은 “형수님, 아이고 점점 더 젊어지시네요.”하고 반갑게 인사했다. 나는 둘째에 대한 이야기와 근황을 주고받으며 이야기를 마쳤다. 방송 활동을 했던 사람이라서 그런지 이해가 빨랐고 가르치는 방식도 괜찮았다. 나는 둘째를 그 후배가 운영하는 아카데미에 보내기로 했다. 그런데 이야기를 다 마친 후에도 그 후배는 가지 않고 계속 자리에 그대로 있었다. 나는 살짝 불편해서 “바쁘면 먼저 가세요.” 하고 말했는데 그 후배는 “바쁜 일 없어요.” 하면서 계속 앉아 있었다. 나는 하는 수없이 “아이들 저녁도 먹여야 하고 이만 가야겠네요.” 하면서 지인과 아이들을 데리고 카페를 나와 버렸다.

그런데 그날 헤어지고 나서 메신저와 연동된 사진첩에 "예쁜 형수님–" 어쩌고 하면서 살짝 낯부끄러운 댓글을 써 놓은 것을 보고는 조금 의아했다. 다음 날에는 메신저로 "지방 출장 중인데 눈이 많이 오네요. 사진 찍었더니 풍경이 정말 예뻐요. 나중에 같이 와요." 하고 보내왔다. 나는 '뭐지? 왜 나한테 이런 메시지를?' 하고 아리송했지만 심각하게 생각하지 않고 "네, 올라오실 때 조심해서 올라오세요." 하고 평범하게 답장을 보냈다.

그 뒤로도 내가 어쩌다 재미있는 동영상을 단체 전송했을 때도 "재밌어요!", "슬퍼요!"가 아니라 "이 영상을 보니 어떤 노래가 떠오르네요." 하면서 진지하게 답장을 했다. 그래서 내가 "ㅋㅋㅋ"라고 보내면 "아, 제가 좀 썰렁했나요?" 하면서 뭔가 형수가 아닌 이성으로 대하는 듯한 답장이 왔다. 이후로도 계속 비슷한 느낌의 메시지를 보내오다가 한번은 같이 밥을 먹자고 했다.

나는 안 그래도 둘째 일로 고맙기도 하고 남편의 후배이기도 해서 밥을 사야겠다고 계속 생각했기에 그러자고 했다. 내 지인도 동행해서 셋이서 같이 밥을 먹으면서 이런저런 얘기를 나눴는데 그러다 나는 "남편과 떨어져서 살고 있고 아이는 제가 돌보고 있어요. 그래서 남편 아는 사람들이랑 연결되고 싶지 않아서 연락을 늦게 했던 거예요."라고 이야기했다. 그러자 남편의 후배는 깜짝 놀라며 "그런 줄 전혀 몰랐어요. 되게 행복해 보여서 아무 문제 없으신 줄 알았는데……." 하고 말했다. 나는 "다들 그렇게 알고 있어요." 하고 말했고 그날은 그렇게 저녁만 먹고는 헤어졌다.

씁쓸함만 **남기고 간 바람**

남편이 다급하게 나에게 소개해 준 사람들은 늘 수습이 안 되는 커다란 문제만 떠넘기고는 홀연히 떠나가 버렸다. 미국에서 차를 살 때 소개해 준 사람은 명의를 자기 명의로 만들어 버려서 결국 쫓아다니면서 따진 끝에 겨우 내 명의로 바꿀 수 있었다. 그 뒤에 수영장을 만들어 준다며 땅을 파 놓고서는 준 돈을 들고 그냥 튀어버렸다. 양평에서 남편이 소개해 준 사람도 사기꾼이었고 아카데미를 한다며 소개해 준 '후배' 역시도 어딘가 이상했다.

남편의 후배는 같이 식사를 하고 며칠 지나 내가 지인들과 모여서 저녁을 먹고 있을 때 다시 연락을 해왔다. 원래 그날 학원에서 둘째 문제로 보기로 했는데 후배가 바빠서 시간을 맞추지 못했다. 전화를 받았더니 이야기를 나누자며 내가 있는 쪽으로 오겠다고 했다. 나는 다 같이 모인 자리에 후배가 오면 불편할까 봐 모임에서 빠져나오는데 "무슨 일 얘기를 지금 해?" 하고 다들 이상하다고 말했다. 나는 어쨌든 둘째를 맡긴 입장이라서 식당 앞에서 후배의 차를 타고 근처 선술집으로 갔다.

선술집에서 후배는 나를 보더니 "아까 못 봐서 아쉬워서 보자고 했어요."라고 말했다. 나는 유부남이 나한테 그런 얘기를 하는 게 어이가 없어서 "나한테 왜 그래요? 솔직하게 이야기해 줘요. 왜 자꾸 이상한 문자 보내는 거예요?" 하고 캐물었다. 그러자 남자는 갑자기 "형수님한테 관심이 있어요." 하고 말했다. 나는 결혼한 지 6개월밖에 안 된 유부남이 도대체 왜 그러는지 알 수 없었고 혹시 뭔가를 바라고 그러는 건가 싶어서 "아니, 나한테 도대체 왜 그래요? 나는 별거하면서 받은 것도 없고 아무것도 없어요. 난 거지예요." 하고 말했다.

그러자 남편의 후배는 "저도 모르겠어요. 형수님 만나고 나서 그냥 계속 생각이 났어요." 했고 나는 "왜 하필 저예요?" 라고 했더니 후배는 "좋은데 어떡해요?" 하고 어딘가 불쌍한 표정을 지었다. 왠지 그 말에서 진심이 느껴지지도 않았고 신혼인데 나한테 접근하는 게 뭔가 이상했다. 더 얘기해봤자 원점만 맴돌 것 같았고 시간도 늦어서 집으로 돌아왔다.

비즈니스까지 같이 하고 있었기에 그 후로도 남자에게서는 계속 연락이 왔고, 시간이 지나면서 메신저를 주고받을 정도로 서서히 가까워졌다. 그렇게 시간은 흘러갔고 남편의 후배는 "아내보다도 내가 더 좋다."며 계속 만나자고 했고, "사랑한다."는 말도 서슴없이 해 왔다. 그때의 상황이 말도 안 되는 것을 알면서도 정말 진심인 것처럼 느껴졌고 처음 받아 보는 관심에 잘못된 것임을 알면서도 나도 모르게 이끌리고 있었다.

그런데 남편의 후배와 친해질수록 자꾸만 죄책감이 들었다. 만날 때는 좋았지만 헤어지고 나면 공허하고 괴로웠다. 남편과 동거했다가 아이까지 낙태했다는 여자와 집으로 당당히 전화를 걸어와서는 "아프니까 좀 와 달라."고 남편에게 말했던 여자가 떠올랐다. '내가 지금 이 사람을 만나면 나도 그런 여자가 되는 건가?' 싶어서 마음이 불편했다. 남자를 만날수록 나는 더 외로워졌다.

나는 남편 후배의 부인에게 상처를 주고 싶지 않았다. 처음부터 후배에게 "부인이 임신하면 안 만나는 걸로 해요."라고 확실히 못을 박아 둔 상태였다. 그런데 남자를 만나고 8개월 즈음 지나 주변 사람들로부터 남편 후배의 부인이 임신했다는 소식이 들려왔다. 나는 아무리 유부남이라도 나한테 사랑한다니 어쩌니 고백까지 해놓고 부인을 임신시킨 남자를 이해할 수 없었다. '의자왕'도 아니고 그저 외로운 나를 가지고 놀았다고 생각할 수밖에 없었다. 실망이 이루 말할 수 없었다.

나는 결국 후배에게 "부인이 임신했으니 그만 만나자."고 했다. 헤어지고 나서 이제 다시는 남자를 만나지 말아야겠다고 결심했다. 비즈니스로 연결되어 있어서 일적인 문자로 이따금 연락을 주고받았지만 그것도 시간이 지나면서 서서히 끊어버렸다.

사실 유부남을 만난다는 것은 드라마나 소설 속에서나 가능한 일이었다. 극도로 외로운 상태에서 유부남을 만나니 더 외로워질 뿐이었다. 가정이 있는 사람이기에 솔직히 나를 대할 때도 진심이 전혀 느껴지지 않았다. 사랑한다는 말도 지나서 생각해 보니 모두 거짓이었다. 헤어지고 나서도 얼마 동안 분하고 또 속상했다.

내 안에 상처만 깊게 남긴 채로 바람은 물러가 버렸다. 사람들이 생각하는 것처럼 내가 남편이 있기 때문에 죄책감이 들었던 건 전혀 아니었다. 어차피 남편과 나는 남이나 다름없었다. 다만 외롭다고 해도 유부남을 만났던 것이 후회가 되었다. 나는 외로움을 벗어나기 위해서 누군가를 찾는 것이 더 큰 상처로 돌아온다는 것을 깨달았다. 그래서 이대로 계속 외로울 거라면 다시는 새로 누군가를 만나서 좋아하는 일도 하지 않기로 마음먹었다.

크리스마스이브의 **불편한 만남**

남편과 별거한 지 1년이 다 돼가던 어느 날 남편에게서 "통화가 괜찮으냐."는 문자가 왔다. 그래서 통화를 하게 되었는데 남편은 "크리스마스이브 날 아이들 데리고 한강 유람선을 타자."고 했다. 나는 "그날 친구들과 친구들의 아이들을 집으로 초대하기로 해서 생각해 보겠다."고 하고 전화를 끊었다가 아이들이 아빠와 시간을 보내는 것도 필요하겠다 싶어서 결국 가겠다고 했다. 유람선을 타고 나서 다시 집으로 돌아오면 손님 맞는 시간에 맞출 수 있을 것 같았다.

약속 당일, 남편 차로 한강까지 갔다. 남편 매니저가 운전을 했고 남편이 조수석에 앉고 나와 아이들이 뒷좌석에 앉았다. 둘째는 멀미할 것 같다며 조잘대는 셋째를 보고 조용히 좀 하라고 이야기했다. 셋째는 마냥 들떠서 "아직도 멀었어?", "다 왔어?" 하고 계속 물었다. 그 모습을 보니 내 마음도 흐뭇했다. 하지만 가는 내내 집에 손님도 올 예정이라 그것도 신경이 쓰였고 남편과 같은 공간에 있다는 것 자체도 갑갑했다.

마침내 도착해서 유람선 안으로 들어가기 전에 외국 공연 팀들과 사진을 찍었는데 그다지 내키지가 않았다. 아이들에게 추억을 만들어 주기 위해서 하는 수없이 같이 사진을 찍기는 했는데 남편과 같이 찍히는 사진이라서 그런지 기분이 영 아니었다. 유람선 안에는 가족석이 있어서 매니저까지 다섯 명이 앉았는데 나는 분위기를 즐기면서도 마음은 딴 곳에 가 있었다. 빨리 집으로 가서 친한 사람들끼리 크리스마스이브를 보내고 싶었다.

배 안에서는 외국인 공연 팀이 크리스마스 캐럴에 맞춰서 춤을 추고 곡예단이 나와서 재주를 넘었고 MC의 진행 아래 테이블마다 한 명씩 나가서 노래를 부르기도 했다. 마지막에는 유람선 위에서 폭죽을 터뜨리고 모두 나가서 그 모습을 보며 환호성을 질렀다. 하지만 나는 밖이 춥고 별로 나가고 싶지 않아서 혼자 배 안에 앉아서 밖에서 들리는 폭죽 소리와 사람들의 함성 소리를 들으면서 빨리 이 시간이 지나기만을 기다렸다.

마침내 유람선에서 내린 뒤에는 남편 차를 타고 다시 집으로 돌아오는데 길이 심하게 막혔다. 파티를 하려고 집에 모여 있는 사람들에게서 계속 연락이 왔다. 모두들 모여서 음식까지 준비해 놓고 나와 아이들이 오기만을 기다리고 있었다. 나는 차 안에서 계속 짜증을 냈는데 그러다 문득 남편에게 “우리 내려 주고 어디 갈 건데?” 하고 물었다. 남편은 “집에 가야지.” 하는데 유람선 안에서도 계속 쌀쌀맞게 대해서인지 그렇게 말하는 남편이 왠지 불쌍하게 보였다. 나는 “집에 들어가서 다 아는 사람들이니까 인사하고 술 한잔 하고 가.” 하고 말했다. 남편은 “나 가도 돼?” 하고 물었는데 나는 괜찮다고 하고 남편도 알았다고 했다.

도착하자 남편까지 다 같이 차에서 내려 엘리베이터를 타고 올라간 뒤에 현관문을 열었다. 모두들 눈을 동그랗게 뜨고 우리를 바라보았다. 예정된 시간을 훌쩍 넘겨서 그런 것이 아니라 남편이 함께 올 줄은 아무도 모르고 있었다. 늦게 도착한 '현미'라는 친구는 남편의 얼굴을 보고는 화들짝 놀라면서도 얼떨떨한 표정으로 인사하고는 나에게로 와서 "야! 어떻게 된 거야? 난 헛것 본 줄 알았잖아! 내 눈을 의심했다 야." 하고 말했다. 언니도 놀라서 "웬일로 오라고 한 거야?" 하고 물었다. 나는 "아, 그렇게 됐어!" 하고는 그냥 넘겨 버렸다.

모두들 예상치 못한 상황에 깜짝 놀랐지만 남편을 아는 사람들이라서 자연스럽게 어울렸다. 남편도 신이 난 듯 사람들이 따라 주는 술을 다 받아 마시면서 계속 떠들었다. 그러면서 푸념도 이리저리 늘어놓았는데 그 모습을 보니 집으로 오라고 한 것이 후회가 되었다. 괜히 다들 모인 자리에 오라고 해서 기대감을 심어 주고 바람을 넣었나 싶었다. 빨리 시간이 지나서 남편이 자기 집으로 돌아갔으면 좋겠는데 자리에서 일어날 줄을 모르고 계속 술을 마셨다. 결국에는 매니저한테 데리고 가라는 눈치를 주자 얼마 있다 남편을 데리고 나갔다.

남편을 보내고 나서 나는 바로 방에 들어가 잠을 청했다. 다음 날 아침에 일어나자 밤에 파티를 하면서 남편이 사람들에게 했던 말들이 떠올랐다. 또 차를 타고 이동하면서 유람선 안에서 보낸 시간들이 떠올랐다. 단 하루였지만 남편 때문에 너무 신경을 많이 쓰고 힘이 들었던 모양인지 몸살이 났다. '대체 언제까지 아이들로 인해서 이렇게 엮여야 할까?' 하는 생각으로 머리가 복잡했다. 크리스마스이브의 어색한 만남은 내게 많은 것들을 생각을 하게 만들었다.

08

다시 시작된 연애

2013년 1월 1일
우연히 또 우연히
그가 친절한 이유
어색한 초대, 복잡한 마음
얼마나 더 참아야 돼?
별과 이별하던 날
그 남자의 고백

2013년 1월 1일

2013년 1월 1일, 새해가 되어 모두가 떠들썩한 가운데 나는 세부로 떠나게 되었다. 별거한 뒤로 한 번도 남편과 여행을 떠나지 않았는데 크리스마스이브 때 남편 매니저가 다 같이 여행을 가자고 했고 그 뒤로도 계속 연락이 와서 "형 생각하지 말고 가서 그냥 재미있게 놀다 와요!" 하고 계속 부추기는 통에 하는 수없이 가겠다고 했다.

가기 전에 남편만 빼놓고 남편의 매니저와 지인이 나를 명동으로 불러내서 같이 단합 대회도 하고 나름대로 여행 계획도 짰다. 그렇게 남편과 남편 매니저 그리고 남편의 지인 그리고 나 이렇게 넷이 세부로 떠나는 비행기에 오르게 되었다. 나는 남편과 같이 앉았고 바로 뒷자리에 남편 매니저와 남편 지인이 앉았다.

남편이 옆에 앉아 있는 것만으로도 나는 한숨이 나오는데 마음과 달리 비행기는 떠날 줄을 몰랐다. 짐은 실었는데 타지 못한 승객이 있어서 그 짐을 다 빼느라고 시간이 걸렸고 거기에다 갑자기 비행기 날개에 수북이 쌓일 정도로 눈이 펑펑 내려서 그 눈을 녹이느라고 2-3시간이 더 지체되었다. 그러는 동안 남편과는 한마디도 하지 않았다. 숨이 막히고 답답해서 뒤를 돌아보면 남편의 매니저와 지인이 분위기를 눈치채고 킥킥대면서 웃고 있었다.

세부에서도 호텔 측이 남편과 내가 한 방을 쓰도록 해 놓아서 더 난감했다. 되도록 남편과 부딪치지 않으려고 남편이 잘 때는 밖으로 나갔고 남편이 밖으로 나가면 그때서야 잠을 청했다. 어쩌다 같이 한 침대에서 잠들 때는 거의 침대 끝에 매달려 잠이 들었다. 여행 다니고 싶은 기분도 아니어서 거의 호텔에서만 있었는데 남편 매니저가 "여기까지 왔는데 뭐라도 해보고 가야 되지 않겠냐."며 설득하는 통에 마사지를 받으러 가기는 했지만 그것도 남편이 동행한 탓인지 불편하기 짝이 없었다.

그렇게 세부에서 3박 4일을 보내고 마지막 날 나는 짐을 싸고 돌아갈 준비를 하는데 남편의 매니저에게 전화가 와서 "저녁을 먹자."고 했다. "알았다."고 하고 내려가 보니 처음 보는 남자가 남편의 매니저 옆에 앉아 있었다. 두 사람이 앉은 테이블로 가서 자리에 앉자 남편의 매니저는 옆에 앉은 남자를 소개시켜 주었다. 남편과 지인은 다른 테이블에 앉아 있었다.

남자는 매니저와 이야기를 하다가 나를 보고는 갑자기 자기 PR을 열심히 하기 시작했다. 하지만 그런 모습이 왠지 좋게 만은 보이지 않았다. 우선 유명 브랜드의 트레이닝복을 입고 만만치 않은 입담에다 나를 마치 오래 봐 온 것처럼 사교성 있게 대하는 모습이 왠지 좋은 집에서 태어나 부모 덕에 성공해서 잘난 체하는 날라리 유학생 같아 보였다.

남자가 하는 이야기도 듣는 둥 마는 둥 하고 있는데 얘기 중에 금

융권과 관련된 이야기가 들려왔다. 그즈음에 나는 귀가 솔깃했고 집 매매나 대출에 대해서 알아볼 수 있냐고 물어보니 그 사람은 "알아볼 수 있다."고 했다. 그래서 그때 내 전화번호를 그 남자에게 주게 되었다.

그러고 나서 편하게 이야기를 주고받게 되었는데 남자가 갑자기 나를 보고 "혹시 운동하세요?" 하고 물었다. 나는 헬스에 관한 이야기인 줄로 알고는 "운동했는데 지금은 안 해요."라고 했더니 남자는 "안 하다가 해도 괜찮아요. 혹시 얼마나 치세요?" 하고 물었다. 나는 남자가 말하는 운동이 헬스가 아니라는 것을 깨닫고 "골프 얘기하시는 거예요?" 라고 물었더니 남자는 "맞아요."라고 했다. 나는 "똑딱이밖에 못 쳐요. 남편이 골프는 잘 치니까 저희 남편하고 치세요." 하고 얘기하는데 마침 남편이 옆을 지나갔다. "남편하고 같이 치세요."라고 하자 둘은 골프 얘기를 잠시 주고받았다. 남편은 이야기를 마치고 나서 다시 가 버렸고 나는 자리에서 일어났다.

그러고 나서 몇 시간 뒤 비행기에 올랐는데 나는 타자마자 잠이 들었고 도착해서야 일어났다. 그리고 다음 날 "잘 도착했어요? 매매하시려는 집 주소지 좀 주세요." 하고 세부에서 보았던 남자에게서 문자가 왔다. 나는 "잘 도착했어요." 하고 주소를 같이 입력해서 보내주었는데 순간 그 남자가 처음 본 것 같지 않게 스스럼없이 대했던 모습이 떠올랐다. 세부에서 그저 날라리 유학생이라고만 생각했는데 그래도 나름대로 신경을 써 주는 것 같아 살짝 기분이 좋았다.

우연히 또 우연히

세부에서 돌아오고 얼마 뒤에 둘째는 방학이 끝나고 개학해서 학교에 다녔고 셋째는 방학이라서 거의 집에 있었다. 한겨울이라 밖은 거의 볼이 얼 정도로 찬바람이 쌩쌩 불었고 뉴스에서는 추위에 덜덜 떨면서 걸어가는 사람들이 나오고 있었다. "내일은 동장군이 더욱 기승을 부릴 것으로 예상됩니다."라는 앵커의 말을 듣고 한동안은 집에만 붙어 있어야겠다고 생각하는데 갑자기 문자가 왔다.

"한국에 도착했어요. 한국 왜 이렇게 추워요?"

세부에서 보았던 남자에게서 온 문자였다. 순간 나는 '뭐야? 한국 추운 줄 모르고 왔나?' 하고 속으로 생각하고는 "네, 내일은 더 춥대요." 하고 답장을 보냈다. 남자는 "그래서 내일 안 돌아 댕길라구요." 하고 다시 문자를 보내왔다. 나는 속으로 '아, 네 그러세요?' 하면서 "제가 부탁한 거 알아보고 연락 좀 주세요." 하고 문자를 보냈다. 남자는 알아보고 연락을 주겠다고 답장을 보내왔고 그것으로 끝이었다.

그 뒤로 셋째가 다니던 유치원이 개학하면서 다시 춘천에 데려다 주었고 친하게 지내던 연예인 부인들과 친구들과의 모임을 가졌다. 운영하는 복싱장 관장님과의 회식도 있었다. 이혼 문제는 여전히 해결이 나지 않았기 때문에 집을 재계약하고 나서 1년을 더 버텨야 했는데 그 때문에 머리도 복잡하고 기분도 울적했다. 날이 갈수록 '도저히 이렇게 살아선 안 되겠다.'라는 생각이 강하게 들었고 무언가 전환점이 필요할 것 같았다.

세부에 다녀온 뒤로 남편 매니저는 "세부에 한 번 더 가자."고 계속 얘기했는데 나도 '세부에서 홈스테이나 식당을 하면서 살아가면 좋을 거 같다.'고 생각했기 때문에 결국 같이 떠나기로 했다. 남편의 지인은 내가 하려는 비즈니스와 관련해서 세부에서 알아봐 줄 수 있다고 했고 1월 1일 떠났던 멤버에서 남편을 빼고 365일 중 360일을 붙어있던 친구가 합류해서 넷이서 가기로 했다.

여행 전날, 캐리어에다 여행 짐을 싸기 전에 필요한 것들을 사려고 차를 타고 이동하는 중에 '세부에 가서 뭘 하지?' 하고 일정이나 비즈니스에 대해서 이리저리 궁리를 했다. 그러다 갑자기 '세부에서 비즈니스를 하려면 돈이 필요하고 그러려면 집이 팔려야 하는데…….' 하고 생각하다가 문득 전에 집 문제로 알아봐 주겠다고 했던 남자가 떠올랐다.

나는 그 남자에게 "안녕하세요. 잘 지내세요? 저 혹시 아파트 건은 어떻게 됐나요?" 하고 문자를 보냈다. 남자는 "좀 힘들 거 같네요." 하고 답장을 보내왔다. 나는 어차피 어렵다는 것을 알고 있었기에 "아, 그래요?" 하고 보냈고 무슨 얘기를 하다가 "이것저것 알아보러 저 내일 세부에 가요." 하고 남자에게 문자를 보냈다. 그러자 남자는

"헐, 저도 내일 가는데……." 하고 답장이 왔다. 나는 놀라서 "대박!" 이라고 보냈고 운전 중이라 "통화 가능하세요?" 하고 보냈더니 남자는 "네, 가능해요."라고 답장을 보내왔다. 통화를 해 보니 심지어 같은 시간에 같은 비행기라서 둘 다 깜짝 놀랐다.

남자는 "세부에서 비즈니스를 할 거면 저한테 얘기하셨어야죠."라고 했고 그 말에 왠지 모르게 마음이 편해져서 말도 더 술술 나왔는데 얘기하다가 남자는 "내일 공항에 어떻게 가세요?" 하고 물었다. 나는 친구와 공항버스를 타고 간다고 했고 남자는 그러면 자기가 집 앞으로 나를 데리러 오겠다고 했다. 그 말에 나는 잠시 고민하다가 "일단 내일 아침에 다시 통화해요."라고 말하고는 전화를 끊었다.

다음 날 일어나서 밥을 먹고 가지고 갈 짐을 다시 체크하는데 왠지 한 번밖에 본 적 없는 사람의 차를 타는 것이 내키지가 않았다. 마침 남자에게 전화가 와서 나는 "미안하지만 제가 아침에 아이 학교에 가 봐야 돼서 같이 못 갈 거 같아요. 이따가 공항에서 봬요." 하고는 전화를 끊었다.

남편의 매니저와 남편의 지인은 스케줄 때문에 하루 늦게 오기로 해서 나와 지인이 먼저 공항으로 향했다. 게이트에서 남자를 만났는데 양복 차림에 코트를 걸치고 "일 마치고 옷도 못 갈아입고 공항으로 바로 왔어요." 하고 말했다. 세부에서 트레이닝복을 입었을 때의 분위기와는 사뭇 다른 모습이었다.

셋이서 이야기를 몇 마디 나누고 비행기에 올랐는데 남자는 나와 지인이 앉은 자리에서 멀리 떨어진 자리에 앉아 있었다. 남자와는 친분이 있는 것도 아니었고 자리도 떨어져 있었지만 같은 목적지로 향한다는 것과 그곳에서 나와 지인을 조금이라도 도와줄 거란 기대에 마음이 든든했다. 다음 날 남편의 매니저와 지인이 오기로 되어 있어서 세부에 있는 동안 곤란한 일을 당하지는 않을까 하는 불안감도 한결 덜했다. 그래서인지 가는 동안 잠도 안 자고 옆에 앉은 지인과 계속 수다를 떨었다.

새벽이 되어서야 세부에 도착했지만 며칠 동안 머물면서 추억을 쌓을 생각에 가슴이 두근거렸다. 남편과 같이 왔을 때와는 다르게 마음이 가벼웠고 풍경도 한결 시원하고 여유롭게 보였다. 숨 쉴 때 공기조차도 더 산뜻하게 느껴졌고 모든 일들이 다 잘될 것만 같은 예감이 들었다.

그가 **친절한 이유**

나와 지인이 묵을 호텔은 공항 앞에 있었는데 막상 남편의 매니저 없이 찾아 가려니 정확히 어디에 있는지 감이 잘 잡히지 않았다. 출국할 때 공항 게이트에서 남자는 "어느 호텔에서 묵으실 거예요?" 하고 물었었다. 나는 "전에 봤을 때 그 호텔이요."라고 말했는데 남자는 그 말을 기억하고 있었던 모양이었다. 비행기에서 내릴 때 나와 지인의 짐을 내려 주면서 호텔까지 데려다 주겠다고 했다. 남자의 친절에 지인은 "너한테 관심 있는 게 분명해, 너 좋아하는 거 같아!" 라고 했고 나는 웃으며 "무슨 말도 안 되는 소리를 해?" 라고 하며 넘겨 버렸다.

이동하는 동안에도 남자는 나와 지인이 하는 얘기를 열심히 들어주었는데 얘기하다 보니 남편의 매니저가 얘기해 준 거라곤 호텔과 가이드가 전부였다 가이드의 연락처도 누구 이름으로 예약이 되어 있는지도 전혀 모르고 있었다. 남자는 우리에게 "기다려 봐요, 제가 다 알아서 할게요. 걱정 마세요." 하고는 프런트로 갔다. 나와 지인은 그런 남자를 지켜보았고 마침내 남자가 호텔방 키를 가지고 왔다.

방까지 우리를 안내해 주면서 남자는 "그냥 주무실 거예요?" 하고 물었다. 지인은 "아니, 놀러 와서 무슨 잠을 자요?" 했더니 남자는 "후배가 차를 가지고 올 거니깐 시내 나가서 맛있는 거 먹어요."라고 말했다. 나와 지인은 "네, 좋아요!" 하고 흔쾌히 응했다.

방에 들어가서 짐을 간단히 풀고 옷매무새를 다듬고 향수도 한 번 더 뿌리면서 나갈 준비를 하는데 왠지 수학여행에서 몰래 탈출해서 놀러 가는 것처럼 흥분되었다. 오기 전에는 생각지도 못했던 스케줄이 나를 기다리고 있었고 한 번 보기는 했지만 잘 모르는 사람과 외국에서 시간을 보낸다고 생각하니 가슴이 설렜다.

마침내 준비를 마치고 밖으로 나와서 남자의 차를 타고 이동하는데 쓰러져 가는 집과 허름한 옷을 걸치고 다니는 사람들이 많이 보였다. 마치 우리나라의 60-70년대 풍경을 연상케 했다. 그 거리를 지나 화려한 빌딩과 상가들이 있는 시내로 접어들었다. 한국의 압구정동 같은 곳이었는데 우리는 한국인이 운영하는 포장마차로 갔다.

포장마차 분위기는 카페와 비슷했고 우리는 테라스에 있는 테이블에 자리를 잡았다. 간단한 안줏거리를 시켜 놓고 이런저런 살아가는 이야기를 나누는데 자연스럽게 남편과 내 사이가 좋지 않다는 이야기까지 하게 되었다. 이래저래 지쳐서 세부에서 비즈니스를 하면서 정착해서 살려고 생각 중이라 여러 가지를 알아보러 왔다고 남자에게 편하게 말했다. 남자는 진지하게 내가 하는 말을 들어 주었고 술자리가 모두 끝나고 호텔로 돌아와서는 "오늘 스케줄이 어떻게 돼요?" 하고 물었다. 나는 "특별한 일 없어요. 일단 매니저가 와야 움직일 수 있을 것 같아요." 하고 대답하자 남자는 "그러면 매니저 올 때까지 제가 모실게요. 오늘 마사지나 받으러 가요." 하고 말했다. 나는 알겠다고 하고는 방으로 들어왔다.

샤워하고 눈을 붙이려고 누웠는데 이런저런 생각에 잠이 잘 오지 않았고 2-3시간 정도 자다가 다시 일어났다. 호텔에서 조식을 함께 먹고 우리는 마사지 숍으로 이동했다. 한국에서 올 때부터 줄곧 같이 다녀서인지 조금 친해진 것 같았고 농담도 편하게 주고받았다. 마사지 숍에서는 벽 하나를 사이에 두고 한쪽에는 나와 지인이, 옆방에는 남자가 마사지를 받았는데 피곤한데도 자는 사람은 없었고 서로 놀리고 웃어대었다.

다음 날 새벽 남편의 매니저가 도착해서 "내일 보자."고 하고는 들어가서 잠들었다. 점심에는 남편의 매니저와 남편의 지인과 식사를 했지만 남편의 지인은 개인적인 일로 바빠서 내 비즈니스에 대한 이야기를 할 수가 없었다. 나와 같이 온 지인은 세부에 온 지 3일 만에 집안일이 있다고 먼저 한국으로 떠났고 남편의 매니저와 남편의 지인도 나보다 먼저 한국으로 돌아갔다. 나는 원래 일정대로 세부에 하루 더 머무르게 되었는데 남자도 일정을 맞출 수 있다고 해서 우리는 남은 일정을 같이 보내게 되었다.

하루 동안 같이 세부 시내도 구경하고 필요한 것을 사러 다니면서 시간을 보내었고 저녁에 호텔 커피숍으로 향했다. 커피를 마시는 동안 남자는 테이블에 팔을 걸치고는 나를 바라보았다. 남자는 나를 보며 은근하게 웃다가 "오늘 안 힘들었어요?", "커피는 어때요?" 하면서 다정하게 물어주었다.

이야기를 나누다 나는 "어떻게 살아야 할지 모르겠어요."하고 고민을 토로했다. 남자는 내가 하는 말을 하나하나 다 귀담아듣고는 "걱정 말아요, 하나부터 열까지 내가 다 도와줄게요." 하고 따뜻하게 말해 주었다. 순간 나에게 든든한 지원군이 생긴 것 같아 기뻤다. 남자는 "현주 씨 눈만 보면 기분이 좋아져요."라고 말하기도 했는데 나는 "눈꼬리가 쳐져서 웃겨서 그래요." 하고는 웃었다. 대단한 말을 주고받는 것은 아니었지만 그저 같이 있다는 자체로 즐거운 시간이었다.

어색한 초대, **복잡한 마음**

세부에서 한국으로 돌아올 때, 남자와 나는 같이 비행기를 타고 왔다. 갈 때와는 달리 남자는 내 옆자리에 앉았고 둘이서 세부에서의 추억을 곱씹으며 이야기를 나누었다. 솔직히 나이도 나보다 한참 어리고 능력도 있고 아쉬울 게 하나도 없는 사람이 나에게 고백을 했다는 사실이 믿기지 않았다. 좋기도 하지만 한편으로는 혼란스러웠고 머릿속으로는 '이 사람이 정말로 진심으로 나한테 고백한 걸까?' 계속 의심이 갔다.

공항에 도착한 후에는 공항 리무진 버스를 타고 가다가 각자의 행선지에서 내렸고 나는 아파트로 향했다. 엘리베이터를 타고 올라와서 현관문을 여는데 아이들은 학교에 가고 집에는 아무도 없었다. 집 안의 풍경은 떠나기 전과 달라진 것이 없는데 기분이 이상했다. 씻고 그날은 바로 잠들고 다음 날 청소를 하고 요리를 하면서 평소와 다름없는 하루를 보내는데 자꾸만 가슴이 설렜다.

남자와 나는 TV를 보거나 커피를 마시는 사소한 일상을 문자로 주고받고 때때로 만나서 이야기를 나누었다. 그렇게 밖에서 만난 지 보름 정도 지났을 때, 나는 집에서 음식을 만들어서 다 같이 식사를 하면 좋겠다는 생각에 남자를 초대했다. 둘째는 내가 어떤 남자와 연락하고 있다는 사실도 까맣게 모르고 있었고 내가 초대하는 사람이 남자라는 사실조차도 모르고 있었다. 나는 "오늘 손님이 올 거야." 하고 얘기했을 뿐이었다. 저녁은 특별히 재료를 사서 거창하게 차리지는 않았고 그저 집에서 먹는 평범한 음식들로 준비했다. 둘째는 학원에 갔다가 올 예정이었고 친한 친구는 어떤 남자인지 보고 싶다며 일찌감치 집에 와 있었다.

마침내 일을 다 마치고 온 남자가 문 앞에서 초인종을 눌렀다. 현관으로 가서 문을 열자 남자가 환하게 웃으며 "맛있는 냄새 나는데요." 하고 말하면서 집 안으로 들어왔다. 나는 그의 얼굴을 보고 "많이 피곤해 보여요. 어디 아파요?" 하고 물었다. 남자는 "괜찮아요, 하는 일이 많아서 그래요." 하고 다정하게 말했다. 친구와도 편하게 인사를 하고 다 같이 식탁에 앉아서 이야기를 나누었다.

이야기 중에 남자는 "따님이 저를 싫어하면 어떡하죠?" 하고 걱정스레 물었다. 나는 "괜찮아요, 안 싫어할 거예요." 하고 말하면서도 속으로는 둘째가 충격을 받지는 않을까 걱정스러웠다. 다 같이 차린 음식을 먹는 도중에 둘째가 학원을 마치고 왔는데 남자의 얼굴을 보더니 어색한 웃음을 지으며 "안녕하세요?" 하고 인사하고는 방으로 들어갔다.

순간 정적이 흘렀고 나는 남자에게 "편하게 드세요." 하고 말했다. 잠시 후 둘째가 방에서 나왔을 때 나는 "아는 분이야." 하고 둘째에게 소개했는데 둘째는 눈치를 챈 듯 표정이 약간 얼어서는 "아, 네." 하고 짧게 말했다. 밥을 다 먹은 둘째가 다시 방으로 들어가고 나는 식탁 위에 음식을 모두 치우고 과일을 깎고 있는데 남자가 둘째 방으로 갔고 둘은 뭐라고 얘기를 나누었다.

과일을 다 깎고 나서는 둘째의 방에 가서 남자에게 "과일 드세요." 하고 말하는데 남자의 표정이 밝아 보였다. 둘째는 표정이 썩 좋아 보이지는 않았다. 남자가 과일을 다 먹고 나서 얘기를 잠시 나누다가 돌아간 후에도 둘째는 남자에 대해서는 한마디도 하지 않았다. 나도 남자에 대해서 둘째에게 굳이 설명하지 않았다. 만나고는 있었지만 남편과의 일로 복잡했기 때문에 모든 것이 끝이 나면 차근차근 다 설명해 주고 싶었다. 당장 아이를 이해시켜 주지 못하는 것이 나로서도 안타까웠지만 도리가 없었다. 별거를 했어도 아이들 문제만은 쉽게 풀리지 않았다.

얼마나 **더 참아야 해?**

1년을 기다렸는데도 이혼해 줄 기미가 없는 남편에게 지쳐 집을 재계약하고 그 다음 날 최후통첩을 했다. 절박한 심정을 담아 남편에게 문자를 보냈다.

2013/1/16/수

나 계속 많이 생각해 봤어. 우리가 도대체 왜 이렇게 살아야 하는 걸까? 우린 어차피 호적상 부부이지, 부부가 아닌 건 당신도 잘 알잖아. 왜 날 놓아주지 않는 거야? 당신의 이미지 때문에 그러는 거니? 그러기엔 내 인생이 너무 불쌍해 보이지 않니? 남들 이목 때문에 이렇게 사는 건 다 네 입장에서 얘기하는 거고 난 그냥 모든 걸 깨끗이 정리하고 싶은 마음뿐이야. 당신이 나에게 어떤 노력을 하고 일어선다고 해도 난 이미 모든 게 끝이야. 나도 요 며칠 당신이랑 시간을 보내면서 노력 안 해 본 거 아니야. 그런데도 솔직히 당신이 싫더라고…….

이젠 어떤 일이 있어도 당신과의 관계는 끝이야. 서로 더 구질구질해지지 말고 이혼하자. 숨도 못 쉬게 힘들었던 지난 시간들 빨리 잊고 나도 살아야 하지 않겠어? 지금도 당신과 부부라는 사실이 내 숨통을 조여오고 당신이랑 마주한단 생각만으로도 소름 끼칠 정도로 싫다. 이 정도로 얘기했는데도 말을 못 알아듣는 건 아니겠지? 우리 정말 이혼하자. 이렇게 문자로 하는 것도 당신 목소리 들으면서 얘기하는 게 더 소름 끼칠 정도로 싫어서야. 빨리 정리하자, 오래 끌고 싶지 않아. 준비되면 연락 줘.

하지만 남편은 "조금만 기다려 달라."며 똑같은 말만 되풀이했다. 결국 1월 29일 나는 변호사를 고용하고 나서 남편에게 알렸다. 남편은 더욱더 기가 막힌 문자를 보내왔다.

"내 마지막 부탁이다. 더 이상 구차해지고 싶지 않다. 올해만 참아줘. 아님 모든 걸 포기한다."

나는 1년이나 기다렸는데 뭘 더 참아달라는 건지 어이가 없어서 남편에게 전화를 걸었다. 남편은 "나도 주변 정리를 좀 해야 될 거 아냐."라고 했고 나는 "나랑 정리를 해야지. 무슨 주변 정리를 해? 더 이상 말하고 싶지 않고 소송을 해야겠어." 하고 말하고는 전화를 끊어버렸다. 그러자 남편은 "그래, 그럼 소송하고 장사도 같이 치러라." 하고 문자를 보내왔다. 결혼 생활을 시작하고부터 끝까지 나에게는 모든 것이 고통이었는데 남편은 또다시 나와 지긋지긋한 실랑이를 하려고 하고 있었다. 나는 더 이상은 안 되겠다고 생각하고 결국 변호사를 고용하고 소송을 준비했다.

별과 **이별하던 날**

세부에서 돌아오고 나서 얼마 지나 아침에 일어나서 밥하고 청소하고 평소처럼 쉬고 있는데 갑자기 남편에게서 연락이 왔다. “이혼해 줄 테니까 일단 만나서 얘기를 하자.”고 했다. 나는 남편이 또 나를 회유하려고 그러는 거라고 생각하고 “나 변호사 고용했으니까 내 변호사랑 얘기해.” 했더니 남편은 “변호사 필요 없어. 내가 그냥 협의이혼해 줄게. 오늘 당장!” 하고 말했다. 나는 갑작스럽긴 했지만 놀라고 기뻐서 “알았어.” 하고 외쳤다. 남편은 내 집 앞에 11시까지 오기로 하고 전화를 끊었다.

급하게 외출 준비를 하고 나서 거울 앞에 섰다. 그런데 왠지 마음이 홀가분하지 않고 걱정스러웠다. 그동안 남편의 행동으로 봐서는 오늘도 이혼해 준다고 해놓고 딴소리를 할 것만 같았다. 남편은 나와 한 약속을 한 번도 제대로 지킨 적이 없었다. 마침내 남편에게서 도착했다는 연락이 왔고 나는 급하게 내려갔다.

내가 남편 차 조수석에 앉자 남편은 차분하고 덤덤하게 이야기를 꺼냈다. 남편은 내가 그동안 변호사와 얘기하라고 했던 것이 언짢았던 모양인지 지금 변호사는 필요하지 않다며 오늘 그냥 이혼을 해 주겠다고 했다. 그 대신 조건이 있었는데 "아이들을 일단 자기가 키우고 싶다"는 것이었다. 난 좀 의외였지만 남편이 한 번도 아이들을 제대로 키워 본 적이 없었기 때문에 이번 기회에 남편이 아이들을 키워 보는 것도 괜찮겠다고 생각했다.

첫째는 미국에서 학교에 다니고 있고 둘째도 거의 다 컸고 셋째도 곧 초등학교 입학을 앞두고 있을 정도로 자랐다. 아주 어린 나이가 아니었기에 남편이 키울 수 있을 거라고 생각했다. 대신 내가 아이들을 보고 싶을 때는 언제든지 볼 수 있도록 해 주기로 했고 주말에는 내가 아이들을 데리고 있기로 했다. 나는 남편에게도 한 번쯤은 아빠로서의 역할을 하면서 살아 볼 기회를 주기로 했다. 그것이 아이들을 위해서도 옳은 일이라고 여겼다.

남편과 나는 법원으로 출발하기 전에 그렇게 결정을 내리고는 나는 내 변호사에게 바로 전화를 걸었다. 남편과 여차여차해서 변호사 없이 오늘 이혼을 하려고 한다고 전했더니 변호사는 펄쩍 뛰면서 "그렇게 이혼해 주면 안 돼요, 나중에 분명히 문제 생길 거예요!" 하고 말렸다. 하지만 나는 더 이상 이혼 문제로 더 끌면서 남편과 감정 싸움할 자신이 없었기 때문에 변호사의 말은 무시하고 내 뜻대로 하기로 했다. 나는 남편과 함께 남편이 사는 동네의 동사무소로 가서 아이들 전입신고를 마치고 다시 법원으로 향했다.

이혼에 필요한 서류를 작성해서 제출하고 자녀양육 안내에 관한 교육을 받아야 해서 그 시간이 될 때까지 남편과 나는 법원 근처에서 점심을 먹었다. 이제 끝이라고 생각하니 후련했고 남편에게도 편하게 말을 건넸다. 남편은 무덤덤하고 아무렇지도 않게 나를 대했다. 마침내 교육을 다 마치고 나올 때는 서로 "좋은 사람 만나." 하고 말했고 내가 청담동에서 친구들과 약속이 있다고 하자 남편은 그 장소까지 데려다 주었다.

약속 장소 근처에서 "잘 지내." 하고 헤어지고는 친구들과 지인들이 모여 있는 곳으로 갔는데 갑자기 눈물이 났다. 그동안 이혼 문제로 계속 고민하고 애태우면서 잠도 제대로 이루지 못하고 괴로워했던 날들이 필름처럼 스쳐 갔다. 모여 있는 친구들과 지인들은 그동안 내가 얼마나 힘들었는지 누구보다도 잘 알기에 "잘 됐어." 하고 위로해 주었다. 밤늦게까지 사람들과 함께 이야기를 나누는 동안, 내 기분은 그야말로 시원섭섭했다. 이제야 모든 것이 다 끝이 난 기분이었다.

그 남자의 고백

내가 이혼하던 날 남자는 부산에 출장을 가 있었다. 남자는 계속 전화를 해서 이혼을 해 준다고 했던 남편이 돌변하는 건 아닌지 또 이혼으로 내가 더 큰 상처를 입는 것은 아닌지 계속 걱정해 주었다.

다음 날 남자가 출장을 마치고 돌아와서 커피숍에서 만났을 때 이야기를 나누다 남자는 뜬금없이 "사랑해요." 하고 말했다. 나는 순간 깜짝 놀라서 "그 말은 처음 하는 건데……."라고 했더니 남자는 그윽한 말투로 "이제 당신이 내 사람이니까!" 하고 말했다. 나는 마음이 왠지 일렁거리고 벅차기도 하면서 이상했다. 나도 모르게 입가에 자꾸만 미소가 지어졌다. 그런 나를 보며 남자는 그윽한 눈빛으로 말했다.

"솔직하게 말하는데요. 현주 씨가 제 이상형이에요. 처음 봤을 때부터 계속 관심 있게 지켜봤어요. 세부에서 현주 씨 모습이나 행동도 전부 다 기억하고 있어요."

그 말에 나는 부끄러워서 아무 말도 하지 못했다. 그런 나를 보고 남자는 그동안 마음속에 간직하고 있던 말들을 모두 털어놓았다.

"처음 봤을 때 현주 씨 옆에 남편이 있는데도 너무너무 좋고 그래서 현주 씨가 한국으로 돌아가는 날 너무나 말을 건네고 싶어서 그때 그 자리에 앉았던 거예요. 그 시간을 놓치고 싶지 않았어요. 어떻게든 나라는 사람이 어떤 사람인지 말해 주고 싶었어요. 그래서 그렇게 열심히 소개했던 거고요. 현주 씨가 한국으로 가고 나서도 계속 생각했어요. 유부녀고 남편이랑 사이도 좋은데 내가 왜 이러는지 미친 거 아닌지 스스로 생각해도 한심했어요. 그런데도 현주 씨 남편이 너무 부러웠어요. 어떻게 저런 여자랑 사나, 세부에서도 당신을 납치해서 다른 나라에 가서 살고 싶었어요. 그때 참 미친놈이었죠."

그렇게 말하는데 전혀 밉지가 않았다. 남자의 얼굴에 진심이 가득 묻어나서 그때 남편과 함께 간 나를 좋아했다는 것이 전혀 이상하게 느껴지지 않았다. 오히려 나는 불편하고 힘들었던 그 순간에 누군가가 나를 사랑스럽게 지켜봐 줬다는 것이 행복했다. 그런데 한편으로는 '내가 남자한테 얼마나 데였는데, 또 이렇게 누군가한테 빠져도 될까?' 싶은 생각이 들었다.

우리는 서로 바쁜 와중에도 시간을 내 거의 매일 만났다. 영화도 보고 드라이브도 하고 차도 마시면서 보통의 연인들처럼 데이트를 즐겼다. 남자는 항상 나에게 존댓말을 하고 진지하게 대해 주었다. 그런데 나는 남자의 그런 면을 마음에 들어 하면서도 자꾸만 의심했다. '혹시 이러다가 훌쩍 떠나 버리는 거 아니야?', '다른 사람한테도 이렇게 다정하게 대해 주는 거 아니야?' 같은 생각이 계속 머릿속을 떠나지 않았다.

그런 와중에 어느 날 남자가 갑자기 전화를 해서 "일 때문에 급하게 일본에 좀 다녀와야 할 거 같아요." 하고 말했다. 나는 황당했고 평소에 배려심이 컸던 사람이 당일에 갑자기 외국으로 간다는 소식을 전하는 것에 기분이 좋지 않았다. 나는 '더 상처받기 전에 이 관계를 끝내는 것이 낫겠다.'고 판단했다. 더 이상 연락도 하지 말아야겠다고 다짐했고 남자와의 관계도 그만 정리하기로 결심했다.

09

가장 빛나는 로맨스

정말 사랑하니까!
우리들의 행복한 시간
잊지 못할 순간들
별과의 완전한 이별
다시 꿈꾸고 싶다

정말 **사랑하니까!**

2013/2/27/수/오전 00:17

카톡 안 돼요. 메시지 남겨 줘요. 자고 있나보네…….

2013/2/27/수/오전 9:31

일어났어요. 기분 좀 괜찮아요??

2013/2/27/수/오전 10:51

왜 그래요? 진짜??

2013 /2/27/수/오후 1:53

이 아픈 거 괜찮아요? 화 풀어요. 내가 잘못해도 세 번 기회 준다면서……. 미안해요.

2013/2/28/목/오후 12:23

떨어져 있는데 이러니까 답답하고 무슨 말도 못하고……. 무슨 말이라도 해 줘요.

내가 답장을 하지 않는데도 남자는 계속 나에게 문자를 보내왔다. 그런데 도착했을 때 나에게 보낸 첫 번째 문자의 시간을 보니 아무래도 일본이 아니라 세부에 간 것 같았다. 안 그래도 사전에 얘기 없이 갑자기 떠난 것에 불쾌해 하고 있는데 어디로 가는지조차 사실대로 말하지 않은 남자를 이해할 수 없었다. 문자가 오든 말든 무시하고 집안일만 계속하는데 실망감 때문인지 자꾸만 속이 타고 일이 손에 잘 잡히지 않았다.

남편과의 결혼 생활에서 별로 좋은 기억이 없었던 탓인지 남자가 단 한 번 어딜 가는지 제대로 말해 주지 않았을 뿐인데 금세 모든 기대가 와르르 무너지는 것 같았다. '이 사람은 안 그럴 줄 알았는데 다 똑같구나.' 싶은 생각까지 들어서 우울함이 밀려왔다. 남자에게서는 계속 문자가 왔다. 나는 '더 이상 연락 안 했으면 좋겠다.'고 전하기 위해서 남자가 세부로 떠나고 이틀이 지난 3월 1일 오전에 결국 전화를 받았다.

남자는 "내가 다 설명할 테니까 제발 이리로 좀 와 줘요. 비행기 표는 내가 끊어 줄게요." 하고 자꾸 얘기했다. 나는 "됐으니까 하는 일이나 잘 하고 와요. 나한테 굳이 그렇게 할 필요 없어요." 하고 차갑게 말하고는 전화를 끊었다. 그러자 남자에게선 다시 전화가 걸려 왔고 "제발 끊지 말고 내 얘기 좀 들어봐요" 하고 자꾸 설득했다. 나는 "급한 일이 있어서 갔으면 일이나 잘 봐요."하고 다시 한 번 차갑게 말했는데 남자는 애원하듯 "나 한 번만 믿어줘요. 제발 이리로 와 줘요. 내가 다 설명할 테니까……." 하고 말했다. 나는 고민 고민하다가 한 번은 남자의 말을 들어보기로 마음먹었고 마침 세부에서 홈스테이를 할까 고민하고 있었기에 겸사겸사해서 3월 1일 8시 비행기를 타고 세부로 향했다.

이동하면서도 숨이 막히도록 가슴이 답답했다. 그런 마음을 조금이라도 달래 보려고 수첩을 펴서 그 안에다 하나님께 드리는 기도를 천천히 적어 나갔다.

2013. 3. 1 세부 가는 비행기 안에서

며칠 동안 아무 일도 손에 잡히지 않았다. 그 남자와의 문제와 X 남편 그리고 울 애들까지…….

아버지, 제가 어떻게 풀어나가야 하는지…….

아버지, 너무나 지치고 힘들어요. 또 한 번 문득 여기서 모든 걸 다 끝내고 싶다는 생각을 합니다. 안 되는 거 아는데……. 아버지, 저에게 응답이 아니라……. 저도 죄인이라서 죄를 달게 받겠습니다. 그저 지금 이 순간을 지혜롭게 잘 해결할 수 있도록 해 주세요. 혼자서 감당할 수 없을 만큼 너무 힘들고……. 아파요. 조금만 아주 조금만 약하게 저에게 지혜를 주세요. 아버지…….

다 적고 나서도 기분은 착잡했는데 도착해서 출국장으로 나가 보니 저만치에서 남자가 환하게 웃으면서 손을 흔드는 것이 보였다. 그 모습을 보자마자 나까지 웃음이 지어졌다. 남자에게로 가까이 다가갔을 때 남자는 다정하게 내 손을 잡아 주었다. 조금 전까지 문자로 계속 실랑이했던 건 잊고 둘 다 그저 기뻐서 아무 말 없이 활짝 웃었다. 그러자 세부 현지에서 일하고 있는 남자의 후배가 "아까는 죽일 듯이 화내더니.” 하고 나한테 말하면서 놀려대었다.

남자는 내 얼굴을 보고는 안심한 듯 “오니까 좋죠?” 하고 말했는데 나는 너무 쉽게 화를 푼 것 같아 살짝 약이 올라서 남자를 째려보았다. 남자는 그냥 웃어 주었고 우리는 손을 잡고 공항에서 얼마 떨어지지 않은 호텔로 걸어갔다. 남자는 “배 안 고파요? 먹고 싶은 거 있어요?” 하고 물었고 나는 “없어요.” 하고 답했다. 화난 것이 완전히 풀리지는 않은 까닭에 손은 잡고 있는데도 분위기가 살짝 어색했다.

마침내 호텔에 도착했을 때 나는 ‘왜 미리 출장 간다고 얘기를 안 했는지, 세부가 아닌 일본이라고 했는지’ 진지하게 물어볼 작정이었다. 그런데 호텔 안으로 들어가서 짐을 풀기도 전에 남자는 “세부 도착했을 때 많이 아팠었어요. 아마 당신 마음 아프게 해서 아팠던 거 같아요. 아프면서 쓴 편지예요.”라고 말하면서 테이블 위에 놓인 편지를 나에게 건네주었다. 나는 얼떨결에 받아든 그 편지를 천천히 읽어 나갔다.

당신에게 처음으로 쓰는 편지

급하게 당신한테 설명할 시간도 없이 나온 것이 결국 당신 맘을 또 상하게 한 것 같아 미안해요. 내 마음은 그게 아니었는데 본의 아니게 기분 상하게 하고 신경 쓰이게 해서 그런가, 속도 아프고 머리도 아프고 약을 먹었는데도 듣지를 않네요.

당신 걱정시키고 속상하게 해서 벌 받나 보네요. 그래서 이렇게나마 편지 쓰면서 반성하고 잠들려고 pen을 들었어요. 이렇게 하면 그나마 잠들 수 있을 것 같아서요. 나 정말 처음 당신을 본 순간부터 단 한순간도 당신 생각 안 해 본 적 없고 지금도 당신 생각밖에 안 해요. 당당하게 사랑한다고 말할 수 있는 것도 그래서고요.

당신도 그렇지만 나도 지금 정신도 없고 힘든 상황인 거 알잖아요. 당신만큼은 아니더라도 그래도 당신 덕분에 힘낼 수 있고 버틸 수 있어서 빨리 제자리 찾을 수 있을 거 같아요. 그러면 지금처럼 이런 실수는 다시는 없을 거예요. 약속할게요. 그러니까 당신 힘든 거 알지만 조금만 참고 나 믿어 주고 지금처럼만 곁에 있어 주면 뭐든 해낼 수 있을 것 같아요. 둘 다 힘든 시기에 만났지만 이게 다 지나가면 누구보다 행복한 사람으로 만들어 드릴게요. 그만큼 당신 생각하고 있고 당신하고 영원히 행복하고 싶어요.

그러니까 내가 당신 생각하고 사랑하는 마음 의심하거나 밀어내려 하지 말아요. 당신에 대한 내 마음은 장난도 아니고 거짓도 아니니까. 이런 내 마음 조금이라도 안다면 한국 갔을 때 지금 내 마음 표현한 이 편지 읽고 화나 있는 거 풀렸으면 좋겠네요.

머리 아프고 정신도 없어서 손이 많이 떨리고 침대 위에서 쓰는 거라 글씨도 엉망이지만 당신 한 사람만 생각하고 걱정돼서 이 편지 적은 내 마음 알아줬으면 해요.

내 마음 의심하지 마요, 정말 사랑하니까!

편지를 읽는 동안 의자에 앉아서 내 표정을 살피던 남자는 내가 다 읽은 걸 보고는 일어났다. 나는 다가온 남자에게 "다른 게 아니라 그렇게 급하게 왜 갔는지……. 충분히 말할 수 있는데……." 하고 다시 물었다. 그러자 남자는 "일부러 숨기려고 그런 건 아니었어요. 이해해 줘요. 암튼 미안해요. 다시는 안 그럴게요. 당신 마음 아프게 해서 미안해요. 당신 사랑하니까 꼭 믿어 줬으면 좋겠어요. 진심으로……." 하고 말했다. 나는 "또다시 상처받기 싫어요." 하고 말했고 남자는 "다신 안 그럴게요." 하고 말하면서 나를 꼭 끌어안아 주었다. 나는 남자에게 한 번 더 기회를 주기로 했다.

우리들의 **행복한 시간**

골프에서 처음 필드로 라운딩 나가는 것을 '머리 올린다'고들 흔히 말하는데 나는 사랑하는 남자 덕분에 처음 머리를 올리게 되었다. 미국에서는 골프장이 뒷마당에 있는데도 한 번도 필드에 나가지 않았는데 남자의 설득에 나는 장비도 없이 함께 필드로 나갔다. 세부 현지에서 일하고 있는 지인들 두 명도 같이 갔다. 그 전에도 골프를 칠 기회는 많았지만 남편이 워낙 골프에 미쳐있었기 때문에 골프라면 진저리가 났다.

그전에 나는 스윙은 하지 않고 '똑딱이'만 치는 정도였는데 가르쳐 주겠다는 남자의 제안에 첫 티업(골프에서 각 홀의 제1타를 치기 위해 치에 공을 올려놓는 것)으로 필드로 나가게 되었다. 치는 동안 채 잡는 것부터 시작해서 공을 칠 때의 동작 하나하나까지 자세하게 알려 주었다. 나는 같이 간 사람들에게 미안해서 "난 괜찮으니까 그냥 쳐요."라고 얘기해도 캐디를 붙여서 내가 계속 몇 번이고 스윙하며 함께 라운딩을 할 수 있도록 했고 자주 곁으로 와서 자세를 잡아 주었다. 나중에 안 거지만 완전 초보를 데리고 라운딩을 하면서 가르쳐 준다는 것은 한국에서는 상상도 못하는 일이었다. 아무리 외국이더라도 있을 수 없는 일인데 내가 지루하게 혼자 시간을 보내는 것이 신경 쓰이고 걱정되어 나를 배려해 준 것이었다.

결국 다른 한국인 관광객들이 우리 일행 뒤에 바짝 붙자 남자는 "죄송합니다, 먼저 치세요."라고 얘기했다. 그 모습을 본 캐디는 남자를 가리키며 나에게 "남편이에요?" 하고 물었다. 나는 잠깐 생각했다가 "남자친구예요."라고 말했다. 그러자 캐디는 "남자친구 매너가 굿이에요!" 라고 부러워하면서 침이 마르도록 칭찬했다. 보통 골프를 같이 쳐 보면 그 사람의 성향을 알 수 있다고들 하기에 나도 왠지 기분이 좋았다.

그날 저녁에는 우리는 현지인들만 아는 맛 집으로 향했다. 바비큐 레스토랑이었는데 수상 가옥처럼 물 위에 떠 있었고 입구 한편에 있는 철망에는 뱀, 원숭이, 악어, 앵무새 같은 동물들이 있어서 구경할 수 있도록 되어 있었다. 남자는 내 손을 잡고는 다정하게 "이건 원숭이고, 이건 악어예요. 그리고 저건……." 하고 말해 주는데 꼭 어린아이가 된 것처럼 설렜다.

자리에 앉자 남자는 일행들에게"내가 모시고 있는 분이니까 너희들도 잘 해야 돼!" 하고 말했다. 그 말에 나는 왠지 귀빈이 된 듯한 기분이었다. 달빛이 비치는 밤에 발밑으로는 물고기들이 지나다니고 레스토랑의 작은 불빛이 우리가 앉은 자리를 비추었다. 밖에는 작은 불빛들이 듬성듬성 보이고 물 흐르는 소리도 들려와서 운치를 더했다.

남자는 고기를 구워서 내 앞에 제일 먼저 놓아주었고 내가 먼저 먹고 나면 자기도 먹었다. 우리는 음식을 즐기면서도 쉴 새 없이 이야기를 나누었다. 걱정거리 같은 것이 아닌 앞으로 뭘 하면서 얼마나 즐겁게 여행을 할지에 대해서 얘기하느라 시간이 훌쩍 지나갔다. 같이 앉아서 얘기를 나누고 바라보고만 있어도 자꾸만 웃음이 나왔다.

잊지 못할 **순간들**

다 같이 식사를 한 다음 날, 남자는 비즈니스 관계로 미팅이 있었는데 남자가 권해서 나도 그 자리에 같이 나가게 되었다. 나가서 나는 미팅에 혹시 방해가 될까 봐 특별한 말없이 가만히 앉아 있었는데 상대방은 혹시 중요한 이야기가 다른 사람에게 노출될까 봐 걱정해서인지 "누구이신지?" 하고 물었다. 그러자 남자는 "들어도 괜찮은 사람이에요. 편안하게 얘기 나눠요." 하고 말해 주었다. 순간 '이 남자가 나를 이렇게나 믿고 있는 건가?' 하는 생각에 괜히 속으로 흐뭇했다.

미팅이 끝나서 나서 오후에는 스노클링, 스쿠버 다이빙, 제트스키 같은 해양 스포츠도 같이 즐겼다. 나는 물을 싫어하는 편이어서 바다 위를 가로지르는 제트스키를 탈 때는 하얗게 질려 있었다. 남자가 앞에서 제트스키를 몰았고 나는 뒤에 탄 채로 눈을 감고서는 소리만 질러대는데 남자가 속도를 조금씩 줄이면서 "무서우면 밑에 물을 봐요." 하고 말해 주었다. 간신히 용기를 내서 밑을 봤더니 수심이 꽤 깊은 데도 물이 맑아 속이 다 비쳤다. 물속에 잠긴 바위와 산호가 발

밑에 있는 것처럼 깨끗하게 보였다. 말이 나오지 않을 정도로 인상적인 광경이었다.

제트스키가 계속 앞으로 나가면서 바람에 머리카락이 날리고 물이 정신없이 튀었고 멀리서 배가 지날 때마다 파도에 우리는 붕-하고 공중으로 날았다 떨어지다를 반복했다. 나는 고소공포증이 있어서 그 때마다 기절할 것 같았지만 동시에 짜릿하고 두근거림에 날아오를 것처럼 설렜다.

제트스키를 타고 난 뒤에는 남자와 다른 일행들이 스쿠버 다이빙을 하기 위해서 장비를 챙기고 있었는데 나는 도저히 자신이 없어서 못 하겠다고 했다. 그러자 남자는 "괜찮아요, 내가 옆에 있을게요. 전문가도 같이 나가니까 위험하지 않을 거예요." 하고 설득했다. 나는 "제트스키도 타 봤으니까 스쿠버 다이빙은 나중에 해 볼게요. 하나씩 도전해 볼게요." 하고 말했다. 그 말에 남자는 아쉬워하다가 자신이 스쿠버 다이빙 체험을 하는 동안 내가 심심해할까 봐 관계자에게 이야기해서 스쿠버 다이빙 체험장과 바다가 접한 곳에 매트를 깔고 쉴 수 있도록 했다.

남자와 다른 일행들이 스쿠버 다이빙을 하러 나갔을 때 나는 그 매트 위에서 바닷소리를 들으며 잠이 들었다. 바람은 살랑살랑 불어오고 그야말로 천국이 따로 없었다. 느긋하게 잠이 들었다가 깰 즈음에는 마침 모두들 스쿠버 다이빙을 끝내고 내 쪽으로 걸어오고 있었다. 남자는 검은색 스쿠버 다이빙 슈트를 벗으면서 "잘 잤어요?" 하고 나에게 물었다. "편히 잘 잤어요." 하고 내가 대답하자 남자는 "진짜 재밌었는데……. 다음에는 꼭 같이 해봐요." 하면서 아쉬워했다.

나는 “나중에 꼭 같이 해요.” 하고 말하고는 웃었다. 바라만 보아도 좋은 사람이 곁에 있어서 행복했다.

남자는 일행들과 떨어져 단둘이 있을 때면 내가 평생 들어 본 적이 없었던 느끼한 대사도 자주 날렸다. 그중 하나가 “당신을 볼 때마다 내가 하트를 보내고 있는데 안 보였어요?” 하고 얘기했던 것이었다. 친구에게 말해 줬더니 손발이 오글거린다면서 손사래를 쳤는데 나는 그 얘기를 들을 때마다 입가에 미소가 절로 번졌다.

남자는 그래도 내가 아직 마음을 의심할까 봐 걱정했다. 특히 말없이 세부로 온 일에 대해서는 “사랑하지 않으면 굳이 변명할 필요도 없고 붙잡을 이유도 없잖아요. 당신을 너무 사랑하니까 만나서 얘기하고 싶었어요.” 하면서 내 마음이 상하지 않도록 계속 걱정해 주었다. 또 “첫눈에 반했다고 내가 말했었죠. 정말로 진심이에요.” 하고 계속 내가 확신을 갖게끔 말해 주는 남자를 보면서 그동안 남자에게 상처만 받아서 마음을 닫았던 나였지만 스르르 마음을 열 수밖에 없었다.

별과의 **완전한 이별**

세부에서 돌아오고 며칠 지나 집에서 TV를 보고 있는데 갑자기 예전에 잠깐 만났던 남편의 후배에게서 문자가 왔다.

"형이 우리 사이를 다 아셨어요. 저를 만나러 회사로 온대요."

나는 이미 협의이혼했는데 왜 이제 와서 문제 삼는다는 건지 의아해서 바로 전화를 걸었다. 그러자 남편의 후배는 떨리는 목소리로 "형이 할 말이 있어서 사무실로 온대요."하고 말했다. 나는 "뭘 물어본대요? 만나지 말아요." 하고 말했더니 남편의 후배는 "이미 오고 있는 중인데 어떡해요?" 라고 했고 나는 도대체 뭘 묻고 어떻게 하겠다는 건지 기가 막혔다. 그래서 남편의 후배에게 "도대체 뭘 어떻게 하겠다는 건지……. 그럼 일단 만나고 연락해 줘요." 하고 말하고는 끊었다.

끊고 나자 나는 '혹시 남편이 뭔가 작전을 짠 건가?' 싶었고 갑자기 전화를 걸어와서 쉽게 이혼해 준 것 하며 아이들 주소를 자기 쪽으로 옮긴 것이 다 뭔가 이상하단 생각이 들었다. 누군가와 이 문제를 의논해야겠다는 생각이 들었고 남자에게 문자를 보냈다.

"이혼하고 다 끝났는데 남편이 갑자기 전에 만났던 남자를 찾아간다고 했대요."

문자를 보내자마자 남자에게서 전화가 걸려 왔다. 다급한 목소리로 남자가 말했다.

"아마 현주 씨가 불리할 것 같아요. 이혼해도 유책 사유라는 게 있거든요."

이혼하면 모든 게 다 끝인 줄 알았던 나는 깜짝 놀라서 "유책 사유가 뭐예요?" 하고 남자에게 물었다. 그러자 남자는 "숙려 기간이 끝날 때까지 남편 외에 다른 이성이랑 꾸준히 연락하고 교제하면 유책 사유가 될 수 있어요." 하고 말했다. 나는 '이혼을 안 해 주려고 별 수작을 다 부리는 구나.' 싶으면서도 남편이 무슨 짓을 벌이려는 건지 걱정스러웠다. 잠시 후에 남편의 후배에게 다시 전화가 걸려 왔다. 거의 울 듯한 목소리로 남편의 후배가 말했다.

"형이 건달이랑 같이 사무실로 찾아왔었어요. 겁을 줘서 하는 수없이 현주 씨랑 만난 거 다 불고 각서까지 썼어요."

나는 그 말을 듣고 어이가 없어서 말도 나오지 않았다. 남편이 수없이 바람을 피웠을 때도 한 번도 법적으로 문제 삼은 적이 없었는데 별거까지 하고 나서 잠깐 누군가 만났다 끝난 일을 이제 와서 문제 삼는 남편을 이해할 수 없었다. 한편으로는 이런 남자와 하루라도 빨리 끝낸 게 천만다행이라는 생각이 들었다.

이후로도 남편은 나한테는 특별히 연락하지 않았는데 후배에게는 계속 찾아가서 추궁했던 모양이었다. 남편의 후배와 후배의 지인들이 수시로 나에게 전화를 걸어서는 들들 볶아댔다. 남편의 후배는 황당한 소리를 하기도 했다.

"형이 와서 그러는데요. 현주 씨가 만나는 사람은 총각인데 저는 유부남이라서 까인 거라고 그러던데요."

나는 어이가 없었다. 남편의 후배는 "진짜 형이 말하는 그런 사이가 맞아요?" 하고 물었다. 나는 "아니에요."라고 그냥 말하면서도 남편이 왜 후배를 찾아가서 그런 얘길 했는지 왜 남편의 후배가 나한테 그런 걸 묻는지 불쾌하기 그지없었다.

나는 하루가 멀다고 전화를 걸어오는 남편의 후배와 지인들 때문에 결국 남편에게 전화를 걸었다. 남편은 의기양양한 말투로 "법대로 하겠다!" 며 큰소리를 쳤다. 나는 사실 이혼할 때 남편한테 위자료도 청구하지 않았고 재산도 남편 앞으로 다 되어 있고 아이들까지 다 뺏겨 버렸기에 "마음대로 해. 난 괜찮아. 이제 더 떨어질 데도 없으니까 네가 하고 싶은 데로 다 해!" 하고 당당하게 말했다. 그러자 남편은 의외의 반응에 놀랐는지 "너 내가 가만히 안 놔둘 거야. 끝장을 볼 거야!" 하고 독설을 내뱉었다. 나는 "소송을 하든 어떻게 하든 네 마음대로 해!" 하고 소리치고는 전화를 끊어 버렸다.

그러고 나서 어떤 일이 벌어질지 알 수가 없었다. 친구에게 계속 내가 처한 상황을 전화로 이야기했는데 걱정이 됐는지 아예 내가 사는 집으로 들어와 버렸다. 그러면서 친구는 내가이혼한 뒤에 새로 시작하려는 일을 돕겠다고 했다. 아는 언니가 운전해서 일과 관련된 사람을 같이 만나러 가게 되었다. 가다가 도로에서 신호를 기다리고 있는데 차선을 변경하던 다른 차량이 우리가 탄 차를 세게 들이받아 버렸다. '쿵!' 하면서 심하게 몸이 밀려서 정신이 없었는데 그날은 바빠서 보험 회사에 사고 처리를 맡겼고 그 다음 날 결국 병원에 입원하게 되었다. 그런데 입원하고 나서 이틀 지나 갑자기 남편에게서 전화가 왔다. 일주일 전에만 해도 가만두지 않겠다고 악다구니를 치더니 이번엔 차분한 목소리였다. 남편은 갑자기 이혼을 해 주겠다고 했고 그 대신 세 가지 조건을 내세웠다.

첫째, 아이들이 적응할 때까지 당분간 아이들을 못 보게 하겠다.

둘째, 이혼하고 주려고 했던 돈의 반만 주겠다.

셋째, 나머지 땅이나 부동산 같은 건 남편인 내가 다 가져가겠다.

나는 그런 말을 하는 남편이 아주 징글징글했고 갑자기 후배를 찾아가서 각서를 받고 이혼을 안 해 주겠다고 버틴 이유를 알 것 같았다. 어떻게 알았는지는 모르지만 처음에 협의이혼했을 때부터 자신이 유리하려면 변호사가 대동하지 않아야 하고 이혼을 해야 유책 사유로 내게 책임을 지워서 자신이 유리한 방향으로 이혼할 수 있었던 모양이었다.

남편은 처음 협의이혼하기 전에도 친정에 찾아가서 "저는 애 엄마한테 남자가 있는 걸 알지만 이혼은 안 합니다." 하고 부모님 앞에서 무릎까지 꿇고 울고불고 난리를 친 적이 있었다. 졸지에 나는 다른 남자와 바람이 나서 가정을 버린 여자가 되어 버렸다. 이혼할 때 자기가 아이들을 키운다고 데려가 놓고서는 내가 바람이 나서 아이들까지 다 버린 것으로 친정과 시댁 그리고 아이들한테까지 얘기해 버렸다. 결국 나는 친정 부모님과 언니 그리고 동생들까지 못 보는 처지가 되었다.

자신의 이미지를 위해서는 치사한 방법으로 이혼하는 것도 가족을 찾아가서 이간질하는 것도 서슴지 않는 남편이었다. 나는 그런 남편과 하루라도 빨리 끝내고 싶었다. 그래서 "다 가져가고 마음대로 해!" 하고 끊어버렸다. 그 뒤로 이틀이 지난 3월 18일, 남편과 나의 변호사가 판사 앞에서 이혼을 선언하고 모든 것을 완전히 끝내 버렸다. 변호사는 모든 것이 끝난 후에 "드디어 이혼했습니다. 이제는 누굴 만나든 뭘 하든 마음대로 하셔도 됩니다!" 하고 말했다. 그 말에 막혔던 속이 뻥- 하고 뚫리는 것 같았다. 그야말로 지긋지긋했다고 할 수밖에 없었던 결혼 생활에 종지부를 찍고 나니 속이 다 시원해지는 것 같았다.

다시 **꿈꾸고 싶다**

나는 이제 다시 가정을 꾸린다면 정말로 잘 살 수 있을 것 같다. 예전에는 너무 철없던 시절 결혼을 해서 알지 못했지만 이제는 어떻게 살아야 행복해진다는 것을 알았다. 나와 남편은 서로 다른 곳을 바라보았고 늘 따로 나아갔지만 이제는 부부라면 한 곳을 바라보고 또 바라보는 그 길로 늘 함께 나아가야 한다는 것을 깨달았다. 그리고 돈이 행복을 주는 것이 아니라는 것을 알았다.

나는 연예인의 아내로 살았기에 큰 집에서 기사까지 두고 부족한 것 없이 누리며 살았지만 오히려 그렇게 풍족했기 때문에 더 불행했다. 남편은 자신이 번 돈으로 친한 사람들과 어울리느라고 집에 있던 나는 까맣게 잊어 버렸다. 아이들은 커가고 아빠를 초롱초롱한 눈으로 바라봤지만 밖에 있는 화려한 세계에 홀려서 제대로 아이들을 봐주지 않았다. 나와 아이들은 문밖에 있는 화려한 세계에 남편을 뺏겨 버렸다. 남편은 연예인이었기 때문에 거의 모든 것을 누릴 수 있었다. 그래서 우리 가족은 더 불행했다. 만약에 남편에게 그만큼 돈이 많지 않았더라면 조금은 더 나와 아이들을 바라봤을 것이다.

나는 무엇이든 적당한 것이 가장 좋다고 믿는다. 돈도 쓸 만큼만 적당히 있고 욕심 없이 모든 것이 적당해야 문제가 생기지 않는 것 같다. 욕심을 부리다 보면 부부 사이에서 둘이 아닌 다른 것에 빠지게 되기 마련이다. 그러다 보면 상대방이 싫어하는 일들도 서슴없이 하게 되고 그것이 결국 상대방에게 상처를 주게 되는 것이라고 나는 생각한다.

다행히 지금 내 곁을 지키고 있는 남자는 나와 한 곳을 바라보고 또 함께 나아가려고 하는 것을 느낀다. 어떤 어려움과 마주해서 고민하고 있을 때 서로 “무슨 일이에요?” 하고 묻고 이야기를 들어주고 힘이 되어 주려고 애쓴다. 또 욕심을 내어 화려한 생활을 누리기보다는 같이 있는 순간에 집중하고 그 순간에 최선을 다하려고 애쓴다.

사실 친정 부모님에게는 내가 죄인이라는 것을 알고 있다. 어린 나이였지만 고집을 부려서 연예인과 결혼하고 또 상처만 받고 이혼한 일이 결과적으로 부모님 가슴에 못을 박는 일이 되고 말았다.

지금 나는 친정 부모님과 연락을 못 하고 있기 때문에 부모님이 무엇을 원하는지 정확히는 알 수 없지만 모든 것이 다 제자리로 돌아가길 바라는 마음만은 충분히 알고 있다. 하지만 지금으로서는 그런 부모님의 소원을 들어 드릴 수가 없다. 그것이 불효라는 것은 잘 알고 있지만 내가 실제로 겪은 결혼 생활은 지옥이었기에 다시 돌아가도 사랑하지 않는 사람과 가족으로 같이 산다면 결국 또다시 불행해질 것이 분명하기 때문이다.

내가 불행해지는 것은 부모님도 원하지 않을 것이다. 나는 부모님에게 더 큰 불효를 저지르지 않기 위해서 행복해지려고 하는 것이다.

선생님의 딸

까치발 들고
못된 언니
강원도 무법 꼬맹이
가출, 그리고 서울로 오다

지금부터 내 어린 시절 이야기를 하려고 한다.

내가 아주 어렸을 때 이미 앞으로
내가 어떻게 살아갈지는 정해져 있었던 것 같다.
어린 나이에 혼자 서울에 와서 일하다
연예인을 만나 결혼한 것도
지금 생각해 보면
우연만은 아니었다.
나는 튀는 아이였으니까
계속 부모님과 같이 있으면 갑갑했다.
그래서 결국 나는 부모님 뜻을 거스르고 서울로 왔다.
어쩌면 책을 쓰기까지의 모든 일들이
모두 그렇게 될 수밖에
없었던 일일지도 모른다.

청개구리 **둘째 딸**

내가 어렸을 적에 아빠는 존경받는 선생님이었다. 강원도에 있는 중·고등학교에서 근무하셨는데, 체육 선생님이셨고 학생과를 맡고 계셨다. 당시에 아빠는 오토바이를 타고 다니셨고, 늘 머리에 기름을 발라 올백으로 넘기시고 옷은 양복인데도 컬러풀하고 멋있게 입고 다니셨다. 학생들이 부르는 별명은 '셰퍼드'였고, 누구라도 물면 안 놓는 것으로 유명하셨다.

우리에게도 늘 학생들을 대하듯이 엄하셨는데 학교 갔다가 집으로 돌아오시면 우리 남매는 아빠 앞에서 '국민교육헌장'을 외쳐야 했다. 제대로 외치지 못하고 매로 맞기도 했다. 그리고 집에 들어와야 하는 시간에서 조금만 늦으면 학생들처럼 반성문을 써야 했다. 언니와 동생들은 아빠 말이면 죽는시늉까지 할 정도로 말을 잘 들었다. 하지만 나는 아빠가 무섭다는 것을 알고 있었는데도 하지 말라는 것만 골라서 하곤 했다.

아빠는 그런 나를 보고 "저년은 누굴 닮아서 저렇게 드센지 모르겠다."고 했다. 그러면 엄마는 아무 말씀이 없으셨다. 엄마도 아빠와 마찬가지로 나를 감당하기 어려워하셨는데, 이유는 내가 엄마나 아빠 말을 듣지 않고 제멋대로 행동했기 때문이었다. 엄마는 그런 나를 향해서 "어쩜 저렇게 반대로만 하는지 청개구리 같네."라고 하셨다. 그 말이 심한 욕이나 다름없다는 사실은 나중에서야 알게 되었기 때문에 그때는 그냥 내가 청개구리처럼 파닥파닥 잘 뛰고 또 늘 혼자 있어서 그런가 보다고 생각했었다.

나는 엄마나 아빠가 말하는 반대로 하면 뭔가 칭찬받고 주목받을 거라고 생각했었다. 그런데 돌아오는 것은 항상 '매'였다. 내가 하도 말썽만 부리니까 다른 데 가서도 그럴까 봐 그러셨는지 언니나 동생한테는 해 준 것을 나한테는 해 주지 않은 적도 많았다.

유치원도 동생은 보내 주고 나는 안 보내 주셨다. 늘 먼발치에서 동생이 유치원으로 향하는 것을 무심히 바라보기만 했다. 동생의 모습이 더 이상 보이지 않으면 내려와서 이웃에 있는 친구네 집으로 가서 아침을 한 끼 더 먹었다. 그때 나는 워낙 식탐도 많고 다른 집에 자주 놀러 갔었다. 한참 먹고 있는데, 그 집 아줌마가 내게 물었다.

"네 동생은 유치원에 가는데 현주는 유치원 안 가니?"

아줌마는 그렇게 말하면서 불쌍한 사람 쳐다보듯 나를 바라봤기 때문에 기분이 그다지 좋지 않았다. 사실 그 아줌마네 딸도 유치원에 가지 못했기 때문에 나랑 처지가 같았다. 나는 아무튼 동생이 유치원 간 것보다 불쌍하게 보였다는 것이 더 자존심이 상해서 일부러 더 씩씩하게 외쳤다.

"전 유치원 안 가도 돼요. 전 우리 언니보다 말도 잘하고 더하기도 더 잘해요!"

"아이고, 우리 현주가 똑똑하네. 이렇게 똑똑하니깐 유치원에 안 가도 되겠네."

나는 그렇게 칭찬을 받으면 꼭 하나 덧붙여서 말했다.

"맞다, 아줌마 충헌탑에 귀신 있다고 다들 그러잖아요. 그거 알고 보니까 중학교, 고등학교 언니, 오빠들이 거기서 연애하면서 귀신 소리 내서 그런 거래요."

그러자 아줌마는 박수까지 치면서 감탄했다. 아줌마는 내가 영특해 보인다면서 집에 있는 감자까지 삶아 주셨는데, 나는 그것까지 맛있게 먹었다. 그때는 인심이 지금과는 비할 데 없이 좋을 때였다. 감자를 먹으면서 아줌마와 수다를 떨었는데 누군가가 아줌마네 철문을 두드렸고, 아줌마가 나갔다. 그런데 문을 열자 엄마가 다짜고짜 소리를 질렀다.

"아이고, 저년이 아침에 나가서 어딨나 했더니 여기서 말질하고 있어? 하여튼 누굴 닮았는지 번죽도 좋다!"

엄마는 용건도 잊고는 역정만 냈다. 다행히 친구네 아줌마는 다시 상냥하게 말해 줬다.

"아이구, 너무 그러지 마, 현주가 말도 잘하고 다른 사람이 무슨 말 하면 기억도 얼마나 잘한다고! 그러고 보니깐 나중에 변호사 시키면 되겠네. 안 그래도 재 보고 다들 통변호사라 한다니까."

그러자 엄마는 나를 모르는 남들이 그런 얘기를 들었을 때보다도 더 기분 나쁘다는 표정을 지으며 손사래를 치시는데 진심인 거 같았다.

"아이고, 무-슨 재가 변호사를 한다고 그래! 계집애가 얌전히 안 있고 어딜 만날 쏘다니기만 하고, 동생한테 심통이나 부리고! 변호사는 무슨! 뭐만 되면 잘 되겠다. 어림도 없지!"

엄마는 그렇게나 심하게 말했다. 나는 그 길로 친구네 아줌마댁을 박차고 나와 버렸다.

"또 어디 가?"

엄마가 소리치는 소리가 등 뒤에서 들려왔다. 하지만 나는 대꾸도 하지 않고 집으로 와서는 문을 쾅 닫고 방으로 들어왔다. 언제나 내게는 칭찬보다는 핀잔만 하는 엄마가 원망스러워서 나는 속상해하다가 벌떡 일어나서 마당으로 나갔다. 마당에는 개가 있었는데 괜히 개 위에 올라타서 "빨리 가자!" 하고 소리쳤다. 개는 반가워서 꼬리를 계속 흔들었지만 무거워서 나가지 못했는데 나는 살랑거리는 개 꼬리를 잡아당기면서 계속 괴롭혔다. 그렇게 한참동안 개를 괴롭혔지만 속상한 마음은 가시지 않았다.

까치발 들고

어느 날 엄마가 곱게 화장하고 집에서 입는 옷이 아닌 외출복을 입고 분주하게 준비를 하고 계셨다. 내가 다가가서 "엄마, 어디가?" 하고 묻자 엄마는 "네 동생 유치원에 볼일 있어서 갔다 올 테니까 집에서 얌전히 놀고 있어." 하고 말했다.

엄마는 곧 나갔고 나는 집에서 놀고 있었는데 기다려도 엄마가 오지 않아서 나는 동생이 다니는 유치원으로 향했다. 유치원 근처에 다다랐을 때 노랫소리가 귀에 또렷하게 들려왔다. 발길이 절로 창가로 향했다. 근데 키가 작아서 안이 잘 보이지가 않았다. 결국 까치발을 들고는 겨우 교실 안을 들여다보았다. 집에서 늘 대충 입고 있던 동생이 한복을 예쁘게 차려입고 족두리를 쓰고, 볼에 빨간 것을 붙이고는 다른 남자애와 마주 보았다가 다시 토라진 양 팔짱을 꼈다가 하면서 율동을 하는데, 신기해서 눈을 뗄 수가 없었다.

집에서 남동생을 앉혀 놓고 고개를 요리 조리로 돌리며 매일 연습했던 이유가 지금 생각해보니 바로 유치원에서 하는 율동 때문이었던 모양이었다. 율동이 끝난 후에는 다 같이 일어나서 노래를 불렀는데 동생이 집에서 자주 부르던 노래였다. 지금 생각해 보니 그때 내가 봤던 것은 유치원 학예회였고 동생은 집에서 늘 그 학예회 연습을 했던 것이다.

나는 한참을 그렇게 까치발을 들고 보다가 갑자기 엄마가 집에 얌전히 있으라고 했던 것이 생각이 났고 혹시나 엄마가 나를 볼까 봐 얼른 집으로 뛰어갔다. 그러다가 중간에 친구를 만나서 같이 우리 집으로 와서는 마당에서 공기놀이를 하면서 놀았다. 그리고 잠시 후에 멀리서 엄마 목소리가 들렸는데 대문으로 엄마가 들어서자마자 달려가서 다짜고짜 소리를 지르면서 엄마한테 졸랐다.

"엄마, 저도 유치원에 보내주세요!"

"재는 또 뭐래니?"

그러자 엄마는 듣기도 싫었는지 성큼성큼 걸어가더니 마루 한편에 놓여 있던 빗자루를 힘껏 들면서 다가와서는 나에게 외치셨다.

"또 고집부리면 맞는다! 다 이유가 있으니까 안 보내는 거지."

엄마는 그렇게 말하고는 빗자루를 들고 겁을 줬다. 하지만 나는 엄마 말은 듣지도 않고 울면서 생떼를 부렸다. 엄마는 표정이 좀 전보다 더 나빠지셔서는 빗자루를 높이 들고는 인정사정없이 나를 때리기 시작했다. 나는 도망도 가지 않고 엄마가 때리는 대로 다 맞으면서 버텼다. 그러자 엄마도 지치셨는지 빗자루를 거두고는 말씀하셨다.

"아이고, 내가 손이 아파서 더는 못 때리겠다."

엄마는 결국 빗자루를 마당에 집어 던지시고는 밖으로 나가 버리셨다. 그 이후로는 유치원에 관한 이야기는 한 번도 엄마에게 한 적이 없었다. 그리고 세월이 흘러 아이 셋을 낳은 지금도 한 번도 그 이야기를 한 적이 없었다. 왜냐면 무언가 더 상처가 되는 말을 들을까 봐 겁이 났기 때문이었다.

못된 언니

고백하자면 나는 어릴 때 좀 못됐었다. 심지어 동생을 치고도 아무렇지도 않게 동네를 활보하던 때도 있었는데, 다 그럴 만한 사정이 있었다. 부모님은 늘 언니나 동생이 무언가 사 달라고 하면 바로바로 사 주셨지만 내가 사 달라고 할 때는 들은 척도 하지 않으셨다.

어느 날 밖에 있다가 들어와 보니 마당에 서 있는 동생의 볼이 유난히 불룩했다. 그리고 한 손에는 아직 먹지 않은 사탕을 하나 쥐고 있었다.

"어, 사탕이네! 나도 하나만 줘."

동생은 말조차 할 수 없을 정도로 커다란 눈깔사탕을 입에 물고 있어서인지 고개만 흔들었다. 나는 부러운 듯 쳐다보았지만 동생은 줄 기미가 없었다.

나는 정말 먹고 싶었고 급했던 나머지 순간적으로 동생의 볼을 쳤다. 그러자 동생이 먹고 있던 사탕이 드디어 밖으로 튀어나왔다. 나는 잽싸게 주워서 수돗가에서 사탕에 묻은 흙을 씻어냈지만 동생이 울면서 달려오는 통에 흙도 다 털어내지 못하고 내 입속으로 그 사탕을 밀어 넣었다. 그러자 동생은 더 자지러지게 울었지만 나는 개의치 않았고 입안에서 느껴지는 달콤한 맛을 느끼며 유유히 집을 나섰다.

"동생 울려 놓고, 또 어디 가!"

엄마의 목소리가 등 뒤에서 들려왔지만 나는 전혀 신경 쓰지 않고 친구 집으로 향했다. 남들이 보면 어린애가 당돌하다고 생각할 수도 있지만 나는 그럴 수밖에 없었다. 내가 사탕이나 다른 걸 사 달라고 하면 부모님은 절대 사 주지 않으셨다. 그래서 나는 동네 여기저기 다니면서 밥이나 주전부리 같은 것을 얻어먹고 다녔다. 엄마는 내가 그러고 다니는 것을 정말 싫어했지만 집에서 채워지지 않는 부분을 밖에서 메우기 위해서는 분주히 다닐 수밖에 없었다. 하지만 그래도 뭔가 만족스럽지 않았다. 동네 사람들 모두 나에게 친절하게 대해 주었지만 나에게는 가장 중요한 뭔가가 늘 없었다.

8살 때였다. 나는 그때 산과 들과 강으로 분주하게 쏘다녔다. 산에 가면 군부대가 많았는데 군인 아저씨들이 보이면 건빵과 별사탕을 대놓고 달라고 했다. 아저씨는 웃으면서 손에 꽉 찰 정도로 건빵과 별사탕을 수북이 챙겨 주셨다. 나는 그 재미에 군것질거리가 떨어지면 어김없이 산으로 갔다. 또 여름이면 해가 질 때까지 강에서 동네 친구들과 물놀이를 했다.

학교에 들어가기 전이나 들어간 후나 달라진 것이 없었다. 학교에 무조건 가야 한다는 것을 몰랐기 때문에 늘 평소처럼 신 나게 놀다가 갑자기 학교에 가고 싶어지면 그제야 놀다가 엉망이 된 옷차림으로 학교에 갔다.

"어디서 놀다가 지금 나타나?"

선생님은 나와 무리들만 보면 한숨을 푹 내쉬셨다. 그래도 다행인 것은 책가방은 학교에 와 있었다. 내가 부탁했던 친구가 책가방을 학교에 대신 가져다 놓았고 나는 그저 몸만 왔다 갔다 할 뿐이었다. 학교가 끝나면 동네의 다른 집으로 가서 밥을 먹거나 산으로 들로 놀러 다녀야 했으므로 역시 빈손이었다. 책가방은 역시 친구가 대신 집에 다 가져다 놓았다.

결국 며칠 지나서 담임선생님이 엄마를 학교로 불러서 이렇게 해서는 학교에 다닐 수가 없으니 시간을 지켜 나올 수 있도록 지도해 달라고 부탁하셨다. 그제야 나는 제대로 학교에 나가기 시작했다. 그런데 출석 문제뿐만 아니라 학생이면 누구나 챙겨야 할 연필이나 공책 같은 것들도 나는 늘 부족했다. 그래서 나름대로 궁리를 했는데 바로 북한에서 보낸 삐라를 주워서 파출소에 가져다주는 것이었다. 그러면 그때 당시에는 아이들이 필요한 학용품을 주었다.

당시에 내가 주웠던 삐라에는 빨간 글씨로 뭔가 무섭게 적혀 있었다. 나도 그 글씨를 무심코 보게 될 때면 속으로 두렵기도 했지만 학용품을 마련해야 했으므로 계속 삐라를 주어서 파출소에 가져다주었다. 집에 와서 그 학용품을 보고 있으면 뿌듯한데도 뭔가 마음에 차지 않았다. 그 학용품들은 부모님이 사 주신 학용품만큼 예쁜 것이 없었기 때문이었다. 나도 그런 정성이 가득한 선물 같은 학용품을 가지고 싶었지만 부모님은 그냥 시큰둥한 표정으로 바라보시고는 특별한 말씀이 없으셨다.

그래도 나는 조르지 않았다. 그저 속으로만 삼키고는 체념해 버렸다. 마음이 좋지 않을 때는 시큰둥한 표정의 부모님 대신 따뜻한 부모님의 표정을 떠올리며 내게 따뜻한 관심과 선물을 해 주시는 상상을 했다. 그러면 잠시 동안은 행복했지만 곧 다시 공허함이 밀려왔다. 실제로 그런 일이 일어난 적은 한 번도 없었기 때문이다.

강원도 **무법 꼬맹이**

내가 10살일 때 무언가를 잘못해서 선생님에게 맞은 적이 있었다. 그때 선생님은 플라스틱 30cm 자를 세워서 내 손등을 때리셨는데 그 바람에 손등에 멍이 들고 핏줄이 다 터져서 울룩불룩 엉망이 되었다. 지금 생각해 보면 과잉 체벌이지만 그때는 맞고 들어가면 부모님에게 더 크게 혼이 날까 봐 겁이 났다. 결국에는 혼자 몰래 집에 들어가서 손에 바셀린을 바르고 붕대를 감고는, 아빠가 근무하시는 중학교로 찾아갔다. 중학교로 찾아간 이유는 학교에는 사람이 많으니까 집에서처럼 심하게 혼을 내시지는 않을 것 같아서였다.

교무실로 찾아가서 아빠에게 엉망이 된 손등을 보여 드리자, 아빠는 불같이 화를 내시며 "나도 선생이지만, 뭘 잘못했다고 이렇게까지 때릴 수가 있어!" 하시면서 처음으로 나를 걱정하셨고, 얼마 후에 언니와 나는 부모님과 떨어져 친할머니가 계신 춘천으로 전학을 갔다.

춘천 중에서도 시내로 전학을 가다 보니 학교에 다니는 애들도 인제에서 놀던 아이들보다는 도시 티가 났는데 그래도 나는 기죽지 않았다. 어릴 때부터 나 혼자 시골 여기저기를 휘젓고 다니다 보니 어딜 가서도 별로 겁을 먹지 않았다.

나는 3학년 그리고 언니는 5학년이었는데 한 반에는 보통 60명이 수업을 듣고 있었다. 처음에 학교에 갔을 때 인사를 하는데 아이들이 뭐라고 하면서 수군거리고 있었다. 인사를 하고 자리에 가서 앉자 아이들은 약간 긴장하는 것 같았다. 하지만 반 친구들과는 금세 친해졌다. 인제에 살 때처럼 먼저 아이들에게 다가갔고, 집에도 놀러다니다 보니 자연스럽게 어울렸던 것이다.

하지만 언니는 그렇지 못했다. 몸도 약하고 자주 아픈데다 소극적이어서 다른 아이들과 잘 어울리지 못했다. 또 원체 조용하다 보니 반 친구들로부터 무시를 당하는 것 같았다. 한번은 방과 후에 집으로 가려고 하는데 언니가 다른 친구들에게 둘러싸여서 놀림을 받고 있었다. 언니의 이름이 조금 특이하다 보니 그것을 가지고 놀리는 것 같았다. 나는 바로 달려 가서 외쳤다.

"야, 너네들! 우리 언니 왜 놀려?"

"쪼끄만 게 어디서 반말이야?"

언니의 친구들이 나를 향해 외쳤는데 내가 미동도 않자, 남자아이가 나한테 다가오더니 "너 절로 안 가?" 했고, 동시에 나는 들고 있던 신발주머니로 그 아이 얼굴을 가격해 버렸다. 그러자 남자아이는 바로 움츠러들었고, 주위에 서 있던 언니 친구들이 "재 깡패인가 봐." 하면서 웅성웅성거렸다. 그래서 나는 더 크게 외쳤다.

"그래, 나 깡패야! 한 번만 더 우리 언니 건드리면 니네 다 죽어!"

그러고는 언니 손을 잡고 집으로 끌고 왔다.

친할머니는 항상 내 편이셨기에 그런 나를 보시며 매번 말씀하셨다.

"어휴, 저게 고추를 달고 나왔어야 했는데 순서가 바뀌었어."

그러면 나는 "할머니, 나 고추 안 달고 나와도 걔네들보다 더 힘세, 걱정하지 마." 하면서 호기를 부렸다. 할머니가 보시기에도 내가 언니를 지켜주는 모습이 든든하게 보이셨던 모양이었다.

그러다가 방학이 되었는데 아빠가 속초로 전근을 가셨기 때문에 언니와 나도 속초에 계시는 부모님을 만나러 그곳으로 갔다. 그곳에서 나는 동네 친구들도 사귀고 방학 내내 숙제도 안 하고 동네 여기저기를 휘젓고 다니기에 바빴다.

어느 날은 엄마가 동네의 다른 아줌마와 크게 다투고 있었다. 나는 그 광경을 지켜보고 있는데 갑자기 그 아줌마가 엄마 머리채를 잡았고 나는 순간 뛰어가 그 아주머니의 다리를 물고 짧은 발로 차고 엄마 머리를 놓으라고 소리를 지르며 계속 괴롭혔다. 아줌마는 소리를 질렀고 마침내 엄마의 머리채를 잡았던 손을 놓았다. 나는 아줌마한테 경고까지 했고, 엄마와 함께 집으로 왔다. 집으로 왔을 때도 엄마는 손을 떠시며 불안해하셨는데 그 와중에도 아까 일을 떠올리시며 말씀하셨다.

"너는 어떻게 어른한테 그러니? 암튼 그래도 너밖에 없는 것 같네, 엄마 싸운다고 옆에서 도와주고……."

나는 그 말에 한껏 우쭐해졌고 왠지 모르게 몹시 뿌듯했다. 왜냐면 내가 엄마를 구해주고 있을 때 동생들과 언니는 겁을 먹고 쳐다보기만 했었기 때문이었다. 내가 생각해도 우리 집에서 나만큼 튀는 사람이 없었다. 나는 어릴 때부터 왠지 끼가 넘쳤고 어디로 튈지 모르는 성격이었다. 부모님조차 그런 나를 감당하기 버거워 할 정도였다. 더 자랐을 때도 그런 성격은 여전했다.

가출, **그리고 서울로 오다**

나는 어릴 때부터 특별하게 살고 싶었다. 4남매 중 둘째로 태어나 집에서는 별로 주목받지 못했지만 그래도 무언가 남다른 사람이 되고 싶었다. 중학교 때는 연예인이 되고 싶었다. 남들 앞에 서는 데 별로 두려움이 없었고 내 끼를 펼치고 싶었다. 그 꿈을 이루기 위해서는 예고를 가는 것이 가장 나을 것 같았고 아빠에게 안양예고로 진학하고 싶다고 말씀드렸다. 하지만 중·고등학교 선생님이셨던 아빠가 안양예고를 다 알아보셨고, 엄하고 고지식하셨던 아빠는 거기 다니는 학생들이 너무 자유분방하고 고등학생답지 않다고 하시며 꿈도 꾸지 말라고 하셨다. 나는 결국 춘천에 있는 여고에 입학했다.

원하지 않는 고등학교에 진학하니 매일이 갑갑하기 그지없었는데 그래도 다행히 무용을 배울 수 있게 되어서 그나마 좀 위안을 삼을 수 있었다. 하지만 무용을 꾸준히 배워나가기 위해서는 대회에 나가야 하고 그러려면 작품비가 필요했는데 집에서는 그렇게까지 할 필요가 있냐며 대주지 않았다. 왜 대주지 않느냐고 묻는 나에게 오히려 아빠는 "누가 취미로 배우라고 했지, 전공으로 나가라고 했냐!" 며

역정을 내셨다. 형편이 되지 않았던 것은 아니지만 별도리가 없었다. 결국 예고 진학이 좌절된 데 이어서 무용까지 그만두게 되었다.

이후에 나는 결국 모든 것을 포기하고 서울로 향했다. 나는 저녁에 무궁화호 기차를 타고 서울 미아리에 있는 막내 외삼촌 댁으로 향했다. 막내 외삼촌 댁은 전에도 가출했을 때 몇 번 갔던 곳이었다. 짐을 이끌고 가는데 비로소 해방된 느낌이었다.

하지만 막내 외삼촌 댁에 있은 지 얼마 지나서 그 집에도 있을 수 없게 되었다. 직접적으로 나가라고 한 것은 아니었지만 형편도 넉넉지 않은 집에서 신세를 지고 있으려니 아무래도 마음이 편치 않았다. 결국 숙식 제공이 되는 곳을 찾아서 서빙 아르바이트를 시작했다. 그리고 대학을 가야겠다고 마음먹고 입시 학원에 다니게 되었는데 그곳에서 어떤 친구를 만났다. 친구에게 내 사정을 이야기하자 이렇게 말했다.

"그러지 말고 우리 집에 같이 있자! 엄마 아빠도 아마 괜찮다고 하실 거야."

"정말, 그래도 되나……."

주저하는 듯 말했지만 실은 뛸 듯이 기뻤다. 그전에 지내던 곳도 불편하진 않았고 주인 가족분들이 매우 잘해 주셨지만 그래도 친구와 함께 있는 편이 나을 것 같았다.

나는 짐을 이끌고 서울 명일동 친구 집으로 향했다. 나는 친구네 집으로 향하는 와중에도 속으로는 걱정을 많이 했지만 친구네 부모님은 정말 잘 왔다고 하시며 편하게 지내자고 하셨고 친구 방을 같이 쓰도록 해 주셨다. 친구에게는 남동생이 두 명이나 있었는데도 나를 전혀 불편하게 느끼지 않았다. 친구 부모님께서는 당신 자식들보다도 나를 더 딸처럼 대해주셨고 호칭도 편안하게 큰엄마, 큰아빠로 부르라고 하셨다.

친구 부모님께서는 나에게 용돈까지 챙겨주셔서 아르바이트는 할 필요가 없었다. 나는 입시 학원을 계속 다녔고 친구 부모님과 장도 보고, 외식도 하고, 함께 교회를 다니기도 했다.

친구네 아버지는 우리가 밖에서 놀다가 늦게 들어갔을 때면 혼은 내셨지만 나중에는 걱정했다고 하시며 따뜻하게 안아 주셨다. 그리고 왜 혼을 내셨는지 자상하게 설명해 주셨다. 그리고 친구 어머니와 함께 장을 보러 갔을 때도 시장 아주머니가 친구 어머니와 나를 닮았다고 하며 나를 보시면서 아주머니에게 "우리 딸 너무 예쁘지 않아요?" 하고 칭찬을 해 주셨다. 사실 별일 아니지만 그런 칭찬을 한 번도 받아 보지 못한 나로서는 신기하기만 했다.

친구의 가정을 통해서 나는 비로소 부모님의 사랑이 어떤 것인지, 가정이라는 것은 무엇인지를 느낄 수 있었고 이 가정이 바로 나에게는 제2의 집이 아닐까 하는 생각이 들었다. 그런 따뜻한 부모님 아래서 자랐던 친구 소영은 지금은 유명 뮤지컬 음악 감독이 되었다.

친구는 같이 살 때부터 다양한 분야에 재능을 발휘했는데 그때도 베이스, 기타, 피아노를 모두 다룰 줄 알았고 거기에다 부용에도 소질이 있었다. 또 유난히 다정해서 좋아하는 노래의 멜로디만 흥얼거려도 악보 없이 피아노로 그대로 연주해 주었다. 학원에서도 늘 든든한 맏언니처럼 나의 버팀목이 되어 주었다. 그 친구와 함께 있으면 나까지 자신감이 생기고 함께 미래도 꿈꿀 수 있었다.

하지만 그 생활도 언니가 강원도에 있는 대학을 졸업하고 서울로 오게 되면서 끝이 났다. 엄마는 내가 밖에서 고생할 때는 결코 구해주지 않았던 집을 언니가 서울로 오게 되자 그제야 마련해 주셨다. 언니와는 단칸방에서 둘이 같이 생활했다.

언니와 지내게 되면서 베이커리에서 아르바이트를 시작했다. 그러면서도 입시 학원도 계속 다녔다. 그러다가 옷가게에서도 아르바이트를 하게 되었고, 바지를 사러 들른 남편을 처음으로 보게 된 것이다. 그리고 결혼까지 하게 되었고 그 뒤로 많은 일들이 일어나게 되었다.

| 에필로그 |

그 남자의 프러포즈

나에게 너무나도 소중한 당신께

지금 편지를 쓰는 이 순간에도 당신을 생각합니다.
그리고 기억합니다.
당신을 처음 만났던 그날 그 순간을…….

흔히들 첫눈에 사랑에 빠진다고들 표현하지만
당신은 제 첫눈이 아닌,
제 마음과 제 심장이 먼저 알아봤습니다.

정말 우연하고
특별한 상황에서 이루어진 인연…….
그것이 지금 우리를 만들어 주었고
힘들고 어려운 시간을 함께하며
당신이 나에게 진정한 사람임을 알았습니다.

지금의 나는
당신이 있어서 정말로 행복하고
언제나 나를 믿고 이해해 주는 당신께 감사합니다.

힘들고 어렵고 슬픈,
그런 견딜 수 없는 상황 속에서도
변치 않고 기다려 준 당신,
이제는 제가 당신을 지켜주고
행복하게 해 주고 싶습니다.

당신에게 너무나 부족하고
아직 나는 더 성숙해야 하지만
평생 당신만 바라보며
진실 되게 살고 싶습니다.

이 세상에서 가장 소중한 당신!
사랑합니다.
진심으로…….

당신과 늘 같은 곳을 바라보며
이 세상을 살아가고 싶습니다.

지금까지 당신이 느낀
아픔과 슬픔 그리고 걱정들까지
제가 모두 사라지도록
해 주고 싶습니다.

더욱 아껴주고 사랑하며
변치 않는 마음으로
하루하루
당신과 함께함을 감사하며 살고 싶습니다.

언제나 하늘의 축복을 받는 사람으로

내 사람으로

내 곁에 있어 주세요.

저와 결혼해 주시겠습니까?